KÖNIGS ERLÄUTERUNGEN
Band 184

Textanalyse und Interpretation zu

Gottfried Keller

KLEIDER MACHEN LEUTE

Daniel Rothenbühler

Alle erforderlichen Infos für Abitur, Matura, Klausur und Referat
plus Musteraufgaben mit Lösungsansätzen

Bange Verlag

Zitierte Ausgaben:
Gottfried Keller: *Kleider machen Leute*. Husum/Nordsee: Hamburger Lesehefte Verlag, 2011 (Hamburger Lesehefte Nr. 3, Heftbearbeitung: F. Bruckner und K. Sternelle.) Zitatverweise sind mit **HL** gekennzeichnet.
Gottfried Keller: *Kleider machen Leute. Novelle*. Anmerkungen von Rolf Selbmann. Stuttgart: Reclam, 2000 (Universal-Bibliothek Nr. 7470). Zitatverweise sind mit **R** gekennzeichnet.

Über den Autor dieser Erläuterung:
Dr. phil. hist. Daniel Rothenbühler wurde 1951 in Porrentruy geboren. Er hat in Heidelberg und in Bern Germanistik und Romanistik studiert und 1992 in Bern mit einer Dissertation über *Der grüne Heinrich 1854/55* promoviert. Er publiziert regelmäßig über die deutschsprachige Literatur der Schweiz, hat das Schweizerische Literaturinstitut mitbegründet und ist in der Literaturvermittlung und -förderung der deutsch- und französischsprachigen Schweiz aktiv. Unterrichtet seit 1991 Deutsch und Französisch am Gymnasium Köniz-Lerbermatt bei Bern.

3. Auflage 2015
ISBN: 978-3-8044-1965-0
PDF: 978-3-8044-5965-6, EPUB: 978-3-8044-6965-5

Titelabbildung: Heinz Rühmann und Fritz Odemar im Film „Kleider machen Leute“, D 1940, © Cinetext
Druck und Weiterverarbeitung: Tiskárna Akcent, Vimperk

1. DAS WICHTIGSTE AUF EINEN BLICK – SCHNELLÜBERSICHT

Damit sich jeder Leser in unserem Band rasch zurechtfindet und das für ihn Interessante gleich entdeckt, hier eine Übersicht.

Im zweiten Kapitel beschreiben wir **Kellers Leben** und stellen den **zeitgeschichtlichen Hintergrund** dar:

⇨ S. 10 ff.
→ Gottfried Keller lebte von **1819 bis 1890**, die meiste Zeit in seiner Heimatstadt **Zürich.**

⇨ S. 17 ff.
→ Sein literarisches Schaffen von 1854 bis 1890 fällt mit der **Zeit des deutschen Realismus** zusammen.

⇨ S. 21 ff.
→ *Kleider machen Leute* erschien 1873 und ist durch die Krise des Zürcher und Schweizer Liberalismus der 1860er Jahre geprägt.

⇨ S. 27 ff.
→ Die Erzählung gehört zum Novellenzyklus *Die Leute von Seldwyla* in zwei Teilen, dem ersten von insgesamt vier Erzählzyklen Kellers, die zwischen 1856 und 1882 entstanden.

Im 3. Kapitel bieten wir eine **Textanalyse und -interpretation.**

Kleider machen Leute – Entstehung und Quellen:

⇨ S. 32 ff.
Angeregt durch Betrugsaffären unter polnischen Emigranten in der Schweiz, arbeitet Keller mit längeren Unterbrechungen zwischen 1865 und 1873 an *Kleider machen Leute* und verknüpft die Novelle motivisch mit den vier weiteren Erzählungen des zweiten Teils des Seldwyla-Zyklus von 1873/74.

Inhalt:

Der arbeitslose Schneidergeselle Wenzel Strapinski wird aufgrund seiner vornehmen Art und Kleidung und seiner Ankunft in einer Grafenkutsche in Goldach, der Nachbarstadt Seldwylas, für einen polnischen Grafen gehalten. Aus Liebe zur Amtsrats-Tochter Nettchen spielt er die Grafenrolle trotz großer Skrupel erfolgreich weiter. Als die beiden sich verloben, veranlasst der Buchhalter Böhni, der selbst um Nettchen wirbt, die Seldwyler, den falschen Grafen bei der Verlobungsfeier durch ein fastnächtliches Maskenspiel unter dem Motto „Kleider machen Leute – Leute machen Kleider" zu entlarven. Der gedemütigte Strapinski flieht und will im kalten Schnee den Erfrierungstod finden. Doch seine Braut eilt ihm nach, stellt ihn zur Rede, erfährt seine Lebensgeschichte und erkennt, dass er kein Betrüger ist, sondern ein edler Mensch. Sie veranlasst, dass er mit ihr nach Seldwyla zieht, sie heiratet und ein florierendes Schneidergeschäft und eine große Familie begründet, um nach zehn bis zwölf Jahren als wohlhabender und angesehener Bürger nach Goldach zurückzukehren. ⇨ S. 39 ff.

Chronologie und Schauplätze:

Die Novelle spielt in den 1830 oder 1860er Jahren, in den fiktiven Schweizer Städtchen Goldach und Seldwyla.

Aufbau:

Die Dreiteilung der Novelle erinnert an ein Drama in drei Akten: ⇨ S. 45 ff.

- → Exposition und Verwicklung: Ein falscher Graf verliebt sich.
- → Höhe- und Wendepunkt: Die Verlobung führt zu seiner Demaskierung.
- → Fall und Entscheidung: Die Verlobte rettet und heiratet ihn.

Für die Einheit der Novelle sorgen Seldwyla als Rahmen, das durchgehende Titelmotiv „Kleider machen Leute“ und die unerhörte Begebenheit einer Täuschung, die die Wahrheit offenbart.

Die Mehrschichtigkeit der Erzählung ergibt sich durch die Vielzahl einander kreuzender und ergänzender Perspektiven und den großen Anspielungsreichtum des auktorialen Erzählens.

Personen:

⇨ S. 59 ff.

Die Beziehungen der Personen werden durch eine klare **Symmetrie von Analogien und Gegensätzen** markiert:

- → Der absichtlichen Täuschung durch den Kutscher steht die unabsichtliche Täuschung der Wirtsleute im Gasthaus „Zur Waage“ gegenüber.
- → Dem armen und unbeholfenen Halbwaisensohn Strapinski begegnet die wohlhabende und tatkräftige Halbwaisentochter Nettchen.
- → Der missgünstige Goldacher Buchhalter Böhni findet in einem missgünstigen Seldwyler Schneidermeister seinen Verbündeten.
- → Dem passiven Träumer Strapinski fällt das Glück zu, der aktive Realist Böhni schafft sein eigenes Unglück.
- → Die vornehmen, aber naiven Goldacher sehen sich durch einen falschen Grafen betrogen, die einfachen, aber schlauen Seldwyler entlarven ihn.
- → Danach sehen sich die schlauen Seldwyler durch den Schneider um ihr Geld gebracht, während die naiven Goldacher ihn als angesehenen Bürger empfangen können.

Stil und Sprache Kellers:

Dem Stilprinzip des Realismus entsprechend ist die Sprache der Novelle einfach, klar und natürlich. Dem Bemühen um poetische Überhöhung entspringen die bildhafte Anschaulichkeit und die Ironie der anspielungsreichen Mehrdeutigkeit. ⇨ S. 80 ff.

Fünf Interpretationsansätze bieten sich an:

Die Interpretation kann hauptsächlich ansetzen an ⇨ S. 85 ff.

→ der komplexen Persönlichkeit der zentralen Figur,
→ den Wendungen der Handlung,
→ den gesellschaftlichen Voraussetzungen,
→ den Bezügen auf die Zeitgeschichte,
→ am Titelmotiv der täuschenden Zeichenhaftigkeit.

Rezeptionsgeschichte:

Zur Zeit Kellers wird *Kleider machen Leute* wenig wahrgenommen und in der scheinbar einfachen Verbindung von Komik, Märchenhaftigkeit und Realismus zwar gelobt, aber auch unterschätzt. Immerhin gehört die Novelle zu den ersten Werken Kellers, die sofort ins Französische und Englische übersetzt werden. Kritisiert werden mitunter vereinzelte Verstöße gegen die realistische Forderung nach Mäßigung des Stils und Wahrscheinlichkeit der Handlung. ⇨ S. 95 ff.

Im 20. Jahrhundert wird die Novelle zur klassischen Schullektüre erhoben, vielfach für die Bühne bearbeitet, zweimal als Oper vertont und dreimal verfilmt.

Gottfried Keller (1819-1890) © Wikipedia

2. GOTTFRIED KELLER: LEBEN UND WERK

2.1 Biografie

JAHR	ORT	EREIGNIS	ALTER
1819	Zürich	Am 19. Juli Geburt K.'s als Sohn des Drechslermeisters Hans Rudolf Keller (1791–1824) und der Arzttochter Elisabeth, geb. Scheuchzer (1787–1864), beide aus Glattfelden	
1822	Zürich	1. Mai: Geburt der Schwester Regula	2
1822–1825	Zürich	Verlust von vier Geschwistern: Regina Elisabeth (1818–22), Anna Katharina (1820–22), Anna Elisabeth (1823–24) und Johann Rudolf (1824–25)	3–6
1824	Zürich	Am 12. August Tod des Vaters an Lungenschwindsucht	5
1825–1831	Zürich	Besuch der Armenschule gemäß dem Wunsch des verstorbenen Vaters	6–12
1826	Zürich	Im März Heirat der Mutter mit dem ersten Gesellen ihres Mannes Hans Heinrich Wild, „zwar nicht aus Neigung, wohl aber um ihren Gewerb fortsetzen zu können"[1].	6
1827	Zürich – Sumiswald	Wild verlässt die Familie, zieht nach Sumiswald.	8
1831–1833	Zürich	Besuch des Landknabeninstituts für Nicht-Stadtbürger	12–14
1832	Zürich	Niederschrift einiger Stücke für Puppenspiele[2]	13

1 Zitiert nach: Würgau, S. 45.
2 Publiziert in Gottfried Keller: *Die Jugenddramen.*

JAHR	ORT	EREIGNIS	ALTER
1833–1834	Zürich	Besuch der nach dem liberalen Umsturz 1831 gegründeten Kantonalen Industrieschule	14–15
1834	Zürich	15. Februar: Scheidungsurteil zwischen der Mutter und Wild 9. Juli: Schulausschluss als Anführer eines Schülerprotests gegen einen Lehrer	14
	Glattfelden	Sommer: Aufenthalt beim Onkel und Vormund Johann Heinrich Scheuchzer. K. will Landschaftsmaler werden, findet aber keinen guten Lehrmeister.	15
1834–1836	Zürich	Lehre im Atelier beim Manufakturisten Peter Steiger. K. stellt Kommerzbildchen her.	15–17
1837	Zürich	Juni: Bekanntschaft mit dem Landschaftsmaler Rudolf Meyer (1803–1857), „Römer" genannt.	17
1837/1838	Zürich	Bezahlter Unterricht bei Meyer im Aquarellieren	18
1838	Richterswil	14. Mai: Tod der Jugendgeliebten Henriette Keller (1818–1838). K. würdigt sie durch ein Aquarell und das Gedicht *Das Grab am Zürichsee*.	18
1839	Glattfelden – Zürich	6.–9. September: K. eilt von Glattfelden nach Zürich, um den konservativen Putsch zu bekämpfen.	20
1840–1842	München	Versuch, in der deutschen Kunststadt als Landschaftsmaler zu reüssieren, scheitert an mangelndem Geld und Talent.	20–23
1843	Zürich	Ab Juli: Die Lektüre der Gedichte G. Herweghs und A. Grüns bewegt K., mehr Gedichte zu schreiben.	24
1843–1844	Zürich	K. wird durch J. Fröbel und A. A. L. Follen als Dichter ermuntert und gefördert.	24–25

JAHR	ORT	EREIGNIS	ALTER
1844 und 1845	Zürich – Luzern	Teilnahme an den beiden Freischarenzügen gegen die konservative Regierung Luzerns	25
1845–1846	Zürich	A. A. L. Follen publiziert in zwei Jahrgängen des *Deutschen Taschenbuches* Gedichte von K.	26–27
1845/ 1846	Zürich	Winter: unerklärte Liebe zu F. Freiligraths Schwägerin Marie Melos (1820–1888)	26
1846	Heidelberg Graubünden	C. Winter veröffentlicht den Band *Gedichte*. Sommer: Reise nach Graubünden	27
1847	Zürich	Unerwiderte Liebe zu Luise Rieter (1828–1879)	28
1847–1848	Zürich	Arbeit in der Staatskanzlei des Kantons Zürich bei Staatsschreiber Alfred Escher	28–29
1848	Zürich	26. September: Der Kanton Zürich gewährt K. ein Stipendium für ein Bildungsjahr in Heidelberg zur Förderung seiner poetischen und dramatischen Pläne.	29
1848–1850	Heidelberg	Freundschaft mit J. Henle, H. Hettner und L. Feuerbach. Feuerbachs Religionsphilosophie prägt das weitere Schaffen K.'s.	29–30
1849	Heidelberg Zürich	Unerwiderte Liebe zu Feuerbachs Geliebter Johanna Kapp (1824–1883) 13. Oktober: Erneutes Stipendium des Kantons Zürich	30

JAHR	ORT	EREIGNIS	ALTER
1850–1855	Berlin	Literarisch fruchtbarste Zeit: Niederschrift des *Grünen Heinrich* (1854/55), der *Leute von Seldwyla*, 1. Bd. (1856), des *Apothekers von Chamounix*, 1. Fs., (1883), Pläne zum 2. Bd. der *Leute von Seldwyla*, zum *Sinngedicht*, zu den *Sieben Legenden*, zu einer *Züricher Novelle* und zum nie geschriebenen Drama *Therese*.	30–36
1851	Braunschweig Berlin	E. Vieweg veröffentlicht *Neuere Gedichte*. K. besucht Salon F. Lewalds, ist nicht angetan.	32
1851–1852	Zürich	K. erhält weitere Jahresstipendien aus Zürich.	32–33
1854–1855	Berlin	Verkehr und Freundschaft mit F. Duncker und R. und K. A. Varnhagen v. Ense	34–36
1854	Zürich – Berlin	7. Februar: K. lehnt eine Dozentur am neugegründeten eidg. Polytechnikum (ETH) ab. April: Ludmilla Assing (1821–1880), Nichte Varnhagens, erklärt K. ihre Liebe und porträtiert ihn. K. bleibt kühl.	34
1854–1855	Braunschweig Berlin	E. Vieweg veröffentlicht den *Grünen Heinrich* in 4 Bänden. Heftige, unerwiderte Liebe zu Betty Tendering (1831–1902), der Schwägerin F. Dunckers	35–36
1855–1861	Zürich	K. ist als freier Schriftsteller von Mutter und Schwester abhängig und wohnt bei ihnen. Er schreibt Festlieder und arbeitet an der Fortsetzung der *Leute von Seldwyla*, den *Sieben Legenden* und dem Projekt zum *Sinngedicht*.	36–42
1856	Braunschweig	E. Vieweg veröffentlicht *Die Leute von Seldwyla*.	37

JAHR	ORT	EREIGNIS	ALTER
1860	Leipzig	*Berthold Auerbach's Deutscher Volks-Kalender für das Jahr 1861* veröffentlicht *Das Fähnlein der sieben Aufrechten*.	41
1860–1861	Zürich	K. tritt in Opposition zum „System" A. Eschers und betätigt sich als politischer Journalist.	41–42
1861	Zürich	14. September: Wahl zum Staatsschreiber der von K. kritisierten Kantonsregierung. Umzug mit Mutter und Schwester ins Haus der Staatskanzlei.	42
1863–1865	Zürich	Unterstützung des polnischen Aufstands 1863/64 als Sekretär des „Schweizerischen Central-Comités für Polen"	44–46
1864	Zürich	5. Februar: Tod der Mutter. K. lebt weiter mit Schwester.	44
Ab 1865	Zürich	Wiederaufnahme des literarischen Schreibens, darunter Arbeit an ***Kleider machen Leute***	46
1866	Zürich Herzogenbuchsee	Mai: Verlobung mit der 23-jährigen Konzertpianistin Luise Scheidegger 12. Juli: Freitod der Verlobten	46
1866–1868	Zürich	K. arbeitet als 2. Sekretär des Verfassungsrates an einer Verfassungsrevision, die er ablehnt.	47–49
1869	Zürich	19. Juli: Ehrendoktor zur Feier des 50. Geburtstags Beginn der Freundschaft mit Adolf Exner und dessen Schwester Marie	50
1872	Stuttgart München	Veröffentlichung der *Sieben Legenden* bei Göschen. Erster Verkaufserfolg K.'s Herbst: Erster Amtsurlaub seit 1861	52 53

JAHR	ORT	EREIGNIS	ALTER
1873	Zürich – Braunschweig Zürich	März: K. fasst Existenz als freier Schriftsteller ins Auge und bricht wegen Honorarfragen mit Vieweg. April: Die 22-jährige Kellnerin Lina Weissert (1851–1910) lehnt K.'s brieflichen Heiratsantrag ab. Sommer: Sommerurlaub bei A. und M. Exner	53
1873–1874	Stuttgart	Vierbändige zweite, vermehrte Ausgabe der *Leute von Seldwyla* bei Göschen mit den neuen Erzählungen in den Bänden 3 und 4	54–55
1874	Wien	Juli: Besuch bei A. und M. Exner	55
1875	Enge Zürich	Frühling: Umzug mit der Schwester auf das Bürgli in der Gemeinde Enge 15. Juli: Rücktritt als Staatsschreiber nach 14 Jahren	56
1876–1877	Leipzig	Veröffentlichung der *Züricher Novellen* in der *Deutschen Rundschau* J. Rodenbergs	57–58
1877	Husum – Enge	Beginn der Brieffreundschaft mit Th. Storm	58
1878	Stuttgart	Veröffentlichung der *Züricher Novellen* in Buchform bei Göschen, zusammen mit dem *Fähnlein der sieben Aufrechten* und *Ursula*	59
1878–1880	Enge	Völlige Umarbeitung des *Grünen Heinrich*	59–61
1879–1880	Stuttgart	Veröffentlichung des neuen *Grünen Heinrich* in vier Bänden bei Göschen	60–61
1881	Leipzig	Januar–Mai: Veröffentlichung des *Sinngedichts* in der *Deutschen Rundschau*	61

JAHR	ORT	EREIGNIS	ALTER
1882	Berlin Hottingen	*Das Sinngedicht* als Buchausgabe bei Hertz Umzug mit Schwester ins „Thaleck" in der Gemeinde Hottingen	63
1883	Berlin	*Gesammelte Gedichte*, selbst betreute Gesamtausgabe der Gedichte bei Hertz	64
1883–1886	Hottingen	Arbeit am Roman *Martin Salander*	64–67
Ab 1884	Zürich	Beginn der Freundschaft mit dem Maler Arnold Böcklin	65
1886	Leipzig – Berlin	*Martin Salander* in der *Deutschen Rundschau*. Buchausgabe bei Hertz im Dezember	67
1888	Hottingen	6. Oktober: Tod der Schwester Regula	69
1889	Seelisberg Berlin Baden	19. Juli: K. entzieht sich im Hotel „Sonnenberg" der schweizweiten Feier zu seinem 70. Geburtstag. *Gesammelte Werke* in 10 Bänden bei Hertz, von K. mitbetreut. Herbst: Badekur	70
1890	Hottingen	Januar–Juli: K. ist bettlägerig. 15. Juli: K. stirbt vier Tage vor seinem 71. Geburtstag.	70

2.2 Zeitgeschichtlicher Hintergrund

ZUSAMMEN-FASSUNG

- → Blütezeit des Realismus: Keller teilt die Grundvorstellungen der deutschen Realisten, aber mit deutlicherem poetischen Akzent.
- → Krise des Liberalismus: Zürich und die Schweiz erleben Ende der 1860er Jahre einen grundlegenden wirtschaftlichen, gesellschaftlichen und politischen Wandel.
- → Verdeckte Zeitbezüge in *Kleider machen Leute*: Die Handlung kann in den 1830er oder 1860er Jahren angesiedelt werden

Die literarische Epoche

Orientierung an Epochentendenzen

Kleider machen Leute erscheint zur Blütezeit **des deutschen Realismus**, und die Eckdaten von Kellers Schaffen decken sich ziemlich genau mit denjenigen dieser literarischen Epoche: 1850–1885. Keller orientiert sich an den Haupttendenzen dieser Epoche, sein Werk bestimmt umgekehrt wesentlich das Bild, das wir uns heute von ihr machen.

Der programmatische Realismus Deutschlands geht ab 1850 von **drei Grundvoraussetzungen** aus:

1. Die liberale Revolution von 1848 ist gescheitert, das Bürgertum kann keine politischen Umwälzungen mehr anstreben.
2. Die Stärken des Bürgertums liegen in seiner wirtschaftlichen Tüchtigkeit und seiner humanistischen Bildung.
3. Dies hat für die Literatur zur Konsequenz, dass sie sich an die gegebene Wirklichkeit des bürgerlichen Alltags hält (Bauern, Handwerker, Bildungsbürger) und in deren Darstellung grundlegende humane Werte herausarbeitet.

Auf dieser Grundlage strebt der deutsche Realismus literarisch eine Mäßigung in politischer, weltanschaulicher und stilistischer Hinsicht an.

Umgekehrte historische Vorzeichen bei Keller

Keller teilt als Schweizer diese Zielsetzung unter den exakt umgekehrten historischen Vorzeichen: Für ihn ergibt sich die literarische Mäßigung daraus, **dass die liberale Revolution 1848 in der Schweiz gesiegt hat.**

In einem unveröffentlichen Aufsatz über *Die Romantik und die Gegenwart* und in vier Rezensionen zum Werk von Jeremias Gotthelf zeigt Keller zwischen 1849 und 1855, zu Beginn seines literarischen Schaffens, dass er die Vorstellungen der deutschen Realisten im Wesentlichen teilt:

1. **Öffentlichkeit und „Privat- oder häusliche Arbeit"**
   Mit der Verfassung von 1848 erübrigt sich in der Schweiz der weitere Kampf um Verfassung und Gesetz; die neue politische Bildung der Schweizer hat sich nun „in einem richtigen Verhältnis der öffentlichen Arbeit zur Privat- oder häuslichen Arbeit"[3] zu bewähren.
2. **Reale Grundlage und poetische Sichtweise**
   „Alle Poesie bedarf zuvorderst eines günstigen Terrains, eines entsprechenden Bodens, auf welchem ihre Gebilde leben und handeln können."[4] Umgekehrt braucht aber „auch jede Landschaft ihre poetischen Bewohner"[5].
3. **Lokale Färbung und Allgemeinmenschlichkeit**
   Eine „Lebensbedingung der ursprünglichen klassischen Dichtungen fast aller Zeiten und Völker" sind „die lokale Färbung

---

3 Keller, *Jeremias Gotthelf* [III 1852], S. 103.
4 Keller, *Die Romantik*, S. 690.
5 Ebd.

und Wahrheit“[6], zugleich bleibt „ewig gleich (…) nur das, was rein menschlich ist“[7].

4. **Stofflicher Reichtum und „sachgemäßer Humor“**
   Aufzugreifen sind „in richtig und glücklich abgewogenen Gegensätzen alle Momente eines reichen Stoffs selbst mit trefflich eingestreutem *sachgemäßen Humor*“[8].
5. **Epische Distanz und entsagende Verklärung**
   „Aber alle Formen wechseln auf Erden, und eben dieser Wechsel ist es, welcher das Vergangene mit einem verklärenden Lichte bestrahlt.“[9]
6. **Stilistische Mäßigung und formale Ausgewogenheit**
   „Zuerst handelt es sich darum, dass man (…) einfach, klar und natürlich schreibe“[10]. Ziel sind „die gereinigte Sprache und das rhythmische Gewand im engern Sinn“[11] und „ein wohlproportioniertes und schöngebautes Werk“[12].

„Einfach, klar und natürlich“

7. **Inhaltliche Konzentration und epische Integration**
   „Alsdann heißt es hübsch fein bei der Sache zu bleiben und sich durch keine buhlerische Gelegenheit, viel weniger durch einen gewaltsamen Haarzug vom geraden Wege verlocken und zerren zu lassen.“[13] Nicht mehr geschätzt werde vom Lesepublikum, „zwischen der registrierten Schilderung und der Geschichte hin- und hergeschoben zu werden, d. h., dass die Erscheinung und das Geschehende ineinander aufgehen“[14] müssen.

---

6 Keller, *Jeremias Gotthelf* [I 1849], S. 64.
7 Ebd., S. 60.
8 Keller, *Jeremias Gotthelf* [IV 1855], S. 121.
9 Ebd. [I 1849], S. 81.
10 Ebd. [II 1851], S. 83.
11 Ebd. [IV 1855], S. 121.
12 Ebd. [III 1852], S. 100.
13 Ebd. [II 1851], S. 83.
14 Ebd. [IV 1855], S. 120–121.

Kleider machen Leute erfüllt alle diese Ansprüche und entspricht den meisten Werken Kellers und anderer repräsentativer Autoren der Epoche in drei weitere Hinsichten:

Dominierende Mittelschicht

→ Dem **Ziel der Mäßigung** entsprechend werden im Personal das unterste, proletarische, „wie auch das obere Ende der sozialen Skala, die sogenannte ‚große Welt' des Kapitals, der politischen Macht"[15] ausgeklammert, so dass „die untere und mittlere soziale Mittelschicht dominiert"[16].
→ Zur **Wahrung der epischen Distanz** gegenüber der nüchternen gesellschaftlichen Realität steht eine Außenseiterfigur, ein Fremder, im Mittelpunkt, so dass sich eine „Divergenz der Wertwelten der etablierten Gesellschaft einerseits und des einzelgängerischen, wandernden jungen Helden andererseits"[17] ergibt.
→ Die **Verbindung von Allgemeinmenschlichkeit und Aktualität** wird im Rückgriff auf die „alten einfachen Formen" (Sinnsprüche, Märchen) und in deren „Aktualisierung an komplizierten gründerzeitlichen Erfahrungen"[18] erreicht.

Keller setzt in *Kleider machen Leute* **eigene poetische Akzente,** indem er
→ die Zeitbezüge zu bestimmten historischen Perioden vervielfacht und so eindeutige Zuordnungen erschwert,
→ die Darstellung bestimmter gesellschaftlicher Verhältnisse mit einfache Formen verbindet und eine größere Distanz dazu schafft,
→ Zufallsereignissen Raum lässt und so den Wahrscheinlichkeitsgrad des Geschehens als Problem sichtbar macht,

---

15 Jeziorkowski, S. 123.
16 Ebd.
17 Ebd., S. 133.
18 Ebd., S. 106.

→ die Scheinhaftigkeit aller Phänomene betont und so die Beschränkung des Wirklichkeitsverständnisses auf feststellbare Tatsachen in Frage stellt.

Die Zeit der Entstehung

Umwälzungen in der Schweiz

Als Keller zwischen 1865 und 1873 an *Kleider machen Leute* arbeitet, vollziehen sich in Zürich und in der Schweiz grundlegende Umwälzungen, die ihn auch persönlich unmittelbar betreffen:

→ **Ökonomisch** geht die zunehmende Ausrichtung sowohl der Landwirtschaft (Käseproduktion) wie der industrialisierten Textil- und neu entstehenden Maschinenindustrie auf den Weltmarkt einher „mit der Entstehung von Konzernen, Monopolen und Kartellen auf der einen und eines großen industriellen Proletariats auf der anderen Seite“[19].

→ **Sozial** bewirkt dies eine „zunehmende Polarisierung der Gesellschaft“[20]. Bauern und Handwerker verarmen, „weil das Kapital hauptsächlich dem Handel oder Unternehmern zufloss“[21]. Verschärft wird diese Verarmung ab 1860 durch die ‚sieben mageren Jahre' der Landwirtschaft (Verteuerung des Bodens, Kreditverknappung, Preisverfall) und der Seiden- und Baumwollindustrie (Absatzkrise).[22]

→ **Politisch** haben vor allem „Kaufleute, Fabrikanten, akademisch Gebildete“[23] das Sagen, „die sich besonders der Förderung von Handel und Industrie annahmen“[24], während „Klagen unbemittelter Handwerker, Arbeiter, Bauern verhallten, weil sie über keinerlei *politischen* Einfluss verfügten.“[25]

---

19 Craig, S. 260.
20 Ebd.
21 Gagliardi, S. 1550 f..
22 Vgl. Craig, S. 262.
23 Gagliardi, S. 1551.
24 Ebd.
25 Ebd.

Das führt zu starken Volksbewegungen, die von 1862 bis 1869 in den Kantonen Baselland, Bern, Aargau, Genf, Luzern und schließlich Zürich durch Aufmärsche und Volksabstimmungen direktdemokratische Verfassungen herbeiführen, „um *Scheinsouveränität* durch *unmittelbare* Teilnahme an Gesetzgebung wie Administration zu ersetzen.“[26]

Verändertes Seldwyla

In der Ende 1872 entstandenen und 1873 veröffentlichten Einleitung zum zweiten Teil der *Leute von Seldwyla* spricht Keller diese Umwälzungen an, wenn er davon spricht, dass Seldwyla sich „in weniger als zehn Jahren geändert hat und sich ganz in sein Gegenteil zu verwandeln droht.“ (HL 40,19–21 / R 59,27–29)

Er betont vier Hauptneuerungen:

1. die „überall verbreitete Spekulationsbetätigung“ mit Aufträgen „in Aktien, Obligationen, Baumwolle oder Seide“,
2. rege Geschäftsverbindungen „mit aller Welt“,
3. Ersatz der „früheren plebejisch-gemütlichen Konkurse und Verlumpungen“ durch „vornehme Accommodements [Abfindungen] mit stattlichen auswärtigen Gläubigern“, so dass nur selten „noch einer vom Schauplatz abtreten“ muss;
4. weitgehender Verzicht auf Politik, von der die Seldwyler „beinahe ganz abgekommen“ sind, nur besorgt, „sich ängstlich vor jedem Urteil in politische Dingen zu hüten, um ja kein Geschäft, bewusst oder unbewusst, auf ein solches zu stützen, da sie das blinde Vertrauen auf den Zufall für solider halten.“

Dieses Bild der Veränderung wird – in satirischer Verdeutlichung – bestimmten Aspekten der ökonomischen Realität gerecht, verkehrt die wesentlichen politischen Vorgänge der Zeit aber in ihr Gegenteil. Die politischen Aktivitäten in der Schweiz nehmen im Lauf der 1860er Jahre nämlich nicht ab, sondern zu, und in den zahlreichen

---

26 Ebd.

Verfassungsänderungen gelingt es starken Volksbewegungen, die Vorherrschaft der liberalen Wirtschaft durch das Primat direktdemokratischer Politik zu begrenzen.

Opfer des Skandaljournalismus

Da diese Bewegungen aber sehr heterogen sind und alle antiliberalen Strömungen umfassen, vom fortschrittlichen Sozialismus über den konservativen Pietismus und Katholizismus bis hin zum populistischen Antisemitismus, fallen Keller wie „einem Großteil der zeitgenössischen Kommentatoren vor allem die fortschrittsfeindlichen und abstoßenden Seiten der Volksbewegungen auf."[27] Er wird selbst zum Opfer des demagogischen Skandaljournalismus populistischer „Volksmänner", deren verleumderische „Enthüllungen" über den trink- und rauffreudigen Staatsschreiber seine junge Verlobte Luise Scheidegger 1866 in den Selbstmord trieben.[28]

Keller selbst kritisiert schon zu Beginn der 1860er Jahre, zur Zeit des triumphierenden Liberalismus, die liberale Oligarchie (d. i. die Herrschaft einer kleinen Gruppe) in Wirtschaft und Politik und die mangelhaften Lebens- und Bildungsmöglichkeiten der verarmten Unterschichten. Er geht dabei aber von einem Demokratieverständnis aus, das im Geist der Aufklärung die „Verpflichtung auf gemeinsame Werte und Normen"[29] voraussetzt und das wie der junge Karl Hediger im *Fähnlein der sieben Aufrechten* 1860 fordert, dass „Bürgersinn" und „Freundesliebe" dereinst „zu Einer Tugend werden"[30].

Der aufklärerische „pädagogische Impetus"[31] der liberalen Demokratie war Anfang der 1860er Jahre noch der „vielleicht charak-

27 Schaffner, S. 156.
28 Vgl. Breitenbruch, S. 109.
29 Hettling, S. 231.
30 Keller, *Das Fähnlein*, S. 288.
31 Craig, S. 160.

teristischste Zug"[32] im politischen und kulturellen Leben Zürichs. Keller sieht ihn im Lauf der 1860er Jahre in der grundsätzlichen „Legitimationskrise des Liberalismus"[33], für die in den Augen der Zeitgenossen „der Kanton Zürich das dramatischste Beispiel"[34] liefert, verraten, und zwar durch die Rücksichtslosigkeit des entstehenden Industrie- und Finanzkapitals wie durch die sich ihm entgegenstellende populistische Demagogie der demokratischen Bewegung. Am 25. Juni 1878 verurteilt er in einem Brief an Theodor Storm *Das Fähnlein der sieben Aufrechten* endgültig als „antiquiertes Großvaterstück" und schreibt, „die patriotisch-politische Zufriedenheit, der siegreiche altmodische Freisinn" seien „wie verschwunden, soziales Missbehagen, Eisenbahnmisere, eine endlose Hatz sind an die Stelle getreten."[35]

„Keine Romane mehr!"

Während er 1849 im Aufsatz *Die Romantik und die Gegenwart* noch davon ausgeht, dass das Volk, „sobald es Luft bekommt, sogleich poetisch, d. h. es selbst wird"[36], so dass „die bisherigen Surrogate entbehrlich"[37] werden, treten Poesie und Bürgertum in *Kleider machen Leute* wieder auseinander. „Keine Romane mehr!" (HL 35,40 / R 52,21), sagt Nettchen, als es darum geht, ein bürgerliches Leben zu begründen, und Strapinski sieht „beinah gar nicht mehr träumerisch aus" (HL 39,22–23 / R 57,34–35), als er sich in dieser bürgerlichen Existenz bewährt.

---

32 Ebd.
33 Ebd., S. 261.
34 Ebd.
35 Keller, *Gesammelte Briefe*, Bd. 3/1, S. 420.
36 Keller, *Die Romantik*, S. 692.
37 Ebd., S. 691.

Die dargestellte Zeit

In seinem Brief vom 19. 12. 1872 an den Vieweg-Verlag betont Keller die Nähe von *Kleider machen Leute* zur Einleitung, die er damals gerade eben für die neuen Seldwyla-Erzählungen geschrieben hat. Tatsächlich könnten die „zehn oder zwölf Jahre (...)" (HL 39,26–27 / R 58,5), in denen Strapinski in Seldwyla zum erfolgreichen Geschäftsmann wird, dem Jahrzehnt entsprechen, in dem der Charakter Seldwylas gemäß der Einleitung „sich ganz in sein Gegenteil zu verwandeln droht."[38]

Die Haupthandlung könnte als um etwa 1863 angesiedelt werden, dem Jahr, in dem in Polen der fünfte Aufstand scheitert und wieder viele polnische Flüchtlinge in die Schweiz kommen. „Die Kantone, vor allem Zürich und St. Gallen, nahmen Hunderte der flüchtigen Kämpfer auf und verköstigten sie in Gemeinschaft mit dem Bunde"[39], und Keller wird Aktuar (Sekretär) des neu gegründeten „Schweizerischen Central-Comités für Polen".

Bezüge zu den 1860er Jahren

In der Erzählung wird auf die vorhergehenden Kämpfe in Polen und deren Echo in Westeuropa verwiesen. Böhni stellt spöttisch die Vermutung auf, Strapinskis „so wunderlich zerstochene Finger" stammten „vielleicht von Praga oder Ostrolenka her" (HL 12,1 / R 16,26–27), also aus dem ersten und zweiten Polenaufstand, 1794 in Praga, östlich von Warschau, und 1831 bei Ostrolenka, im Nordosten Polens, die beide von russischen Truppen niedergeschlagen wurden.

Anlässlich des Essens beim Amtsrat singen „ein paar Gäste Lieder, die in den dreißiger Jahren Mode waren" (HL 14,16–17 / R 20,10–12). Daraus könnte geschlossen werden, dass die Handlung in den 1830er Jahren spielt. Möglich ist aber auch, dass die Szene

---

38 Vgl. unten Kapitel 5: Materialien, Einleitung 1873.
39 Curti, S. 567.

doch Anfang der 1860er Jahre spielt und die Goldacher der weit zurückliegenden Vergangenheit verhaftet bleiben.

Bezüge zu den 1830er Jahren

Für die zeitliche Situierung der Handlung in den 1830er Jahren spricht der Hinweis der Erzählinstanz, zur Zeit des Geschehens habe „der Tuchhändler noch Tuchherr, der Eisenhändler Eisenherr usw.“ (HL 39,10–11 / R 57,18–20) geheißen. Für ihre Situierung in den 1860er Jahren spricht dagegen vor allem die aufdringliche Weise, in der die Goldacher Unternehmer beim ersten Kennenlernen Strapinskis auf ihre weltweiten Beziehungen hinweisen (vgl. HL 10,5–16 / R 13,29–14,8). Ihr Verhalten entspricht der Tatsache, dass die entstehende Schweizer Industrie, „vorzugsweise Exportindustrie (…) in den Sechzigerjahren den Weg in die meisten dem Welthandel erschlossenen Länder gefunden“[40] hat.

Keller scheint die historische Situierung der dargestellten Zeit extra erschweren zu wollen, um dem zu entgehen, was er am 3. 4. 1872 in einem Brief an Emil Kuh als „Despotie des Zeitgemäßen in der Wahl des Stoffes“[41] bezeichnet. Zugleich will Keller das hochhalten, was er am 27. 7. 1881 in einem Brief an Paul Heyse die „Reichsunmittelbarkeit der Poesie“ nennt, das heißt „das Recht, zu jeder Zeit, auch im Zeitalter des Fracks und der Eisenbahnen, an das Parabelhafte, das Fabelmäßige ohne Weiteres anzuknüpfen“[42].

---

40 Ebd., S. 570.
41 Keller, *Gesammelte Briefe*, Bd. 3/1, S. 163.
42 Ebd., S. 57.

2.3 Angaben und Erläuterungen zu wesentlichen Werken

ZUSAMMEN-FASSUNG

→ Keller ist zunächst Lyriker, dann Romanautor mit dem großen Lebensroman *Der grüne Heinrich* (1854/55), bevor er hauptsächlich Erzählungen und Novellen schreibt.
→ Die Erzählung *Kleider machen Leute* gehört zum Novellenzyklus *Die Leute von Seldwyla* in zwei Teilen, dem ersten von insgesamt vier Erzählzyklen, die zwischen 1856 und 1882 entstehen.
→ Nach der langen Phase der Erzählzyklen veröffentlicht Keller mit *Martin Salander* (1886) noch einmal einen großen Roman.

Autodidaktische Bildung

Aufgrund seines Ausschlusses aus der kantonalen Industrieschule kurz vor seinem fünfzehnten Geburtstag muss Keller sich sein **breites Wissen** über Kunst, Literatur, Philosophie, Geschichte und Politik **als Autodidakt** selbst aneignen. Wesentlich für seine große Bildung werden der frühe **Austausch mit der deutschen Emigration** in Zürich, zu der die Spitzenkräfte der deutschen Wissenschaft und Kultur gehören, und die insgesamt neun Jahre, die er in Deutschland verbringt (München 1840–42, Heidelberg 1848–50, Berlin 1850–55), Aufenthalte, denen mehrere **Freundschaften mit deutschen Geistesgrößen** der Zeit entspringen. Zugleich nimmt Keller aktiv teil an der Entwicklung und Ausgestaltung der damals in Europa am weitesten **fortgeschrittenen demokratischen Rechtsstaatlichkeit in der Schweiz**.

Sein Werk schöpft damit aus **drei Hauptquellen**: seiner eigenen Biografie, der deutschen bzw. europäischen Kultur und Geschichte und der aktiven Teilnahme an der Demokratiebewegung in der Schweiz.

Im Schaffen Kellers lassen sich vier Phasen unterscheiden:

Vier Schaffensphasen

1843–1850	**Lyrik:** Zunächst vor allem zum Bekenntnis politischer und philosophischer An- und Einsichten, dann vermehrt zum Ausdruck subjektiver Erlebnisse und Stimmungen. Keller bleibt auch in den späten Phasen Lyriker.
1850–1855	**Roman:** *Der grüne Heinrich* ist ein Entwicklungs-, Kunst- und Zeitroman mit deutlich autobiografischem Hintergrund.
1856–1882	**Erzählungen und Novellen:** Fünf Erzählsammlungen bzw. Novellenzyklen zum Hauptthema Liebe und Frau-Mann-Beziehung.
1878–1886	**Roman:** Neufassung des *Grünen Heinrich* und Niederschrift des *Martin Salander*, eines Zeitromans.

Staatsschreibertätigkeit als Einschnitt

Einen **tiefen Einschnitt** in Kellers Schaffen bilden seine Jahre als Staatsschreiber des Kantons Zürich: Zwischen 1856 und 1872 erscheint nur *Das Fähnlein der sieben Aufrechten* und sonst kein größeres Werk in Prosa oder Lyrik.

In allen größeren Prosaveröffentlichungen Kellers finden sich Themen- und Motiventsprechungen zu *Kleider machen Leute*:

PROSAVERÖFFENTLICHUNGEN	THEMEN- UND MOTIVENTSPRECHUNGEN ZU *KLEIDER MACHEN LEUTE*
1854/55: *Der grüne Heinrich* Nach einer bewegten Kindheit und Jugend scheitert der vaterlose Heinrich als Maler, ruiniert dabei auch seine Mutter und stirbt an seinen Schuldgefühlen.	Heinrich ist wie Strapinski vaterlos und hängt stark an seiner Mutter. Sein grünes Kleid bestimmt seinen Übernamen, der zugleich seine Neigung zu unreifen romanhaften Vorstellungen ausdrückt. Er stirbt an seinen Schuldgefühlen, während Strapinski von Nettchen gerettet wird.

PROSAVERÖFFENTLICHUNGEN	THEMEN- UND MOTIVENTSPRECHUNGEN ZU *KLEIDER MACHEN LEUTE*
1856: *Die Leute von Seldwyla* (I) Fünf in sich abgeschlossene Novellen mit dem gemeinsamen Hintergrund eines alten Städtchens, das in „unveränderlichem Kreislauf der Dinge“[43] hängen bleibt.	Nur einzelnen Sedlwyler Figuren (Pankraz, Fritz Amrain) gelingt es wie Strapinski, sich von der Schuldenwirtschaft der übrigen Seldwyler abzugrenzen, um eine solide Existenz aufzubauen.
1872: *Sieben Legenden* Wendung der Heiligen von der Jenseits- in die Diesseitsorientierung durch ihre Bekehrung zur irdischen Liebe und Ehe.	Als stärkster Antrieb zum Handeln erweist sich für die Heiligen, ob Mann oder Frau, wie für Strapinski die Entdeckung des Eros.
1873/74: *Die Leute von Seldwyla* (II) Wieder fünf in sich abgeschlossene Novellen, aber Seldwyla hat sich verändert, denn „jeder Seldwyler ist nun ein geborener Agent oder dergleichen“ (HL 40,37–38 / R 60,15–16).	In zwei Novellen geht es wie in *Kleider machen Leute* um Täuschung und (Selbst-)Betrug, in einer weiteren um die Rivalität zweier Nachbarstädte und in der letzten um den ernüchternden Einfluss der modernen Wirtschaft auf empfindsame Menschen.
1876/78: *Züricher Novellen* Der feste Zyklus von drei Novellen in einer Rahmenhandlung und zwei Zusatzerzählungen zu Höhepunkten der Geschichte Zürichs: Mittelalter, Reformation, Rokoko und Gegenwart.	Der junge Herr Jacques in der Rahmenhandlung macht sich wie Strapinski romanhafte Vorstellungen und gelangt durch die Erzählungen seines Paten zu realistischen Vorstellungen.
1879/80: *Der grüne Heinrich* (2. Fassung) Heinrich stirbt nicht an seinen Schuldgefühlen, trifft seine Jugendgeliebte Judith wieder und kann sein ganzes Leben selbst erzählen.	Heinrich droht wie Strapinski an seiner Schuld zu sterben, vermag sich aber wie dieser zu einem nützlichen Leben aufzuraffen und erzählt sein Leben.

---

43 Vgl. unten Kapitel 5. Materialien, Einleitung 1856.

PROSAVERÖFFENTLICHUNGEN	THEMEN- UND MOTIVENTSPRECHUNGEN ZU *KLEIDER MACHEN LEUTE*
1881/82: *Das Sinngedicht* Fester Zyklus mit sechs Novellen in einer Rahmenhandlung. Der Wissenschaftler Reinhart zieht aus, um das Wesen der Liebe zu erkunden und entdeckt im Erzählwettstreit mit der klugen Lucie, wie Sittlichkeit und Sinnlichkeit miteinander zu verbinden sind.	Reinhart und Lucie entdecken einander wie Strapinski und Nettchen erst im Reden und Erzählen richtig und gründen ihre Beziehung wie diese auf der Ebenbürtigkeit von Mann und Frau.
1886: *Martin Salander* Ein Kaufmann lässt sich im Geschäft und in der Politik von allzu idealen Vorstellungen leiten und wird wiederholt betrogen, bevor er zu einer realistischen Einschätzung der Zeitverhältnisse gelangt.	Salander und seine Töchter lassen sich wie die Goldacher, Nettchen und Strapinski durch romanhafte Vorstellungen täuschen und gelangen nur durch massive Rückschläge zu realistischen Vorstellungen.

THEMEN- UND MOTIVENTSPRECHUNGEN ZU *KLEIDER MACHEN LEUTE* IM GESAMTWERK KELLERS

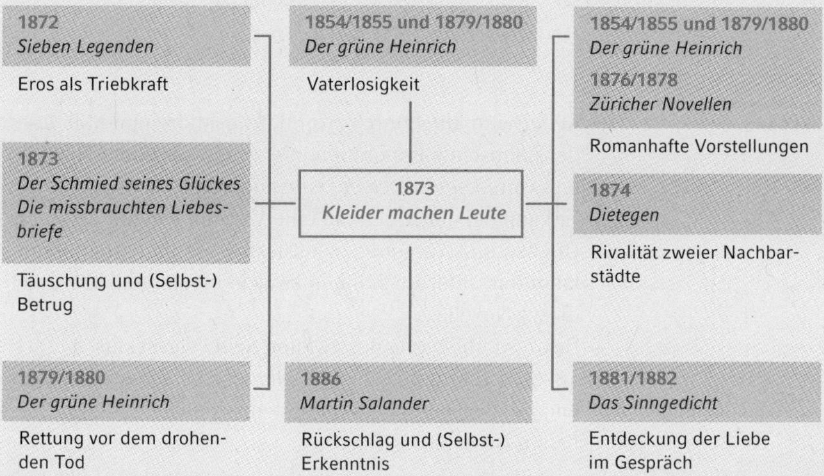

3. TEXTANALYSE UND -INTERPRETATION

3.1 Entstehung und Quellen

ZUSAMMEN-FASSUNG

- Keller wird 1864 durch zwei Betrugsaffären im Milieu der polnischen Emigration in der Schweiz zum Schreiben von *Kleider machen Leute* angeregt.
- Er kann bei der Arbeit auf eine Vielzahl von literarischen Quellen und Anregungen zurückgreifen und arbeitet mit längeren Unterbrechungen zwischen 1865 und 1874 an dieser Novelle.
- Bei der Publikation des zweiten Seldwyla-Zyklus 1873/74 verknüpft Keller *Kleider machen Leute* motivisch eng mit dessen Einleitung und mit den vier anderen neuen Novellen.

Möglicher Anlass und Plan

Spione und Hochstapler

In seiner Tätigkeit als Sekretär des „Schweizerischen Central-Comités für Polen" von 1863–1865 begegnet Keller dem Hochstapler Julius Schramm, der sich in das Komitee einschleicht, um für Russland zu spionieren. Zugleich taucht in den Polizeiakten der Pole Julian Saminski auf, der ebenfalls als russischer Spion entlarvt wird.[44]

Am 11. 1. 1865 schreibt Keller an den Exilpolen und Initianten des Komitees Ladislas Plater, er habe im Sinn, eine kleine Studie über Hochstapler dieser Art zu schreiben. In seinem Manuskript nennt er Strapinski zunächst Julian, bis er an der Stelle HL 30,6

---

44 Vgl. Selbmann, *Erläuterungen*, S. 46–51.

bzw. R 44,1 beim Buchstaben „J" abbricht und „Wenzel" schreibt und diesen Namen dann auch rückläufig einsetzt.[45]

Mögliche Anregungen und Quellen

Hochstapler-Literatur vor Keller

In seiner Studie über Hochstapler von der Art Julius Schramms und Julian Saminskis kann Keller auf eine reichhaltige Literatur zurückgreifen. Seine möglichen Anregungen und Quellen werden hier in der Reihenfolge ihres Erscheinens aufgelistet[46]:

1798: Ludwig Tieck: *Merkwürdige Lebensgeschichte Sr. Majestät Abraham Tonelli*
1812: Jacob L. C. und Wilhelm C. Grimm: *Der Schneider im Himmel*
1818: Achim von Arnim: *Fürst Ganzgott und Sänger Halbgott*
1821: August F. E. Langbein: *Die schwarze Spinne*
1825/26: Wilhelm Hauff: *Der Mann im Mond* und *Das Märchen vom falschen Prinzen*
1836: Franz von Gaudy: *Aus dem Tagebuch eines wandernden Schneidergesellen*
1846: Clemens Brentano: *Das Märchen vom Schneider Siebentot auf einen Schlag* (1811/12)
1846: Anonym: *Der Schneidergeselle, welcher den Herrn spielt*
1848: Arnold Ruge: *Die Komödie in Wädenschwyl am Zürichsee*
1862: Jakob Frey: *Das erfüllte Versprechen*

45 Vgl. Keller, *Sämtliche Werke*, HKKA Bd. 21, S. 221 u. 237.
46 Vgl. Selbmann, *Erläuterungen*, S. 36–45.

In *Kleider machen Leute* greift Keller also auf seine eigenen Erfahrungen und verschiedene literarische Quellen zurück und verbindet beides auf kunstvolle Weise zu einem **mehrschichtigen poetisch-realistischen Ineinander** von

- → fabel- und märchenhafter Überhöhung,
- → ironischem Einsatz gängiger Muster der Unterhaltungsliteratur und
- → präziser und kritischer Zeichnung individueller und sozialer Gegebenheiten der Zeit.

Er bleibt damit der Einsicht treu, die er schon am 26. 6. 1854 in einem Brief an Hermann Hettner geäußert hat, wonach „viele literarische Motive und Manieren, welche man so gewöhnlich für nagelneu oder von einer gewissen Schule herstammend ansieht, schon seit Jahrhunderten vorhanden sind“ [47] und „neu in einem guten Sinne“ nur das ist, „was aus der Dialektik der Kulturbewegung hervorgeht“[48], das heißt aus der Wechselwirkung von Tradition und Zeitgenossenschaft.

Niederschrift

Außer dem Manuskript von *Kleider machen Leute* gibt es vor seiner Drucklegung keine ausdrücklichen Zeugnisse über die Entstehung des Textes.

Da Keller seine Handschrift ab Mitte 1869 von der deutschen an die lateinische Schreibweise angepasst hat und dieser Wechsel auch das Manuskript markiert, muss er in drei Phasen daran gearbeitet haben[49]:

---

47 Keller, *Gesammelte Briefe*, Bd. 1, S. 398.
48 Ebd., S. 400
49 Vgl. Villwok: *Kommentar*, in: Gottfried Keller (2005), S. 116.

1. Schreibphase: ab Sommer 1865 und vor Februar 1869 (oder Mai 1868) HL 3,1–34,13 / R 3,1–50,6
2. Schreibphase: ab Ende 1870 bis 19. Dezember 1872 (Druckvorlage) HL 34,14 / R 50,7 – Schluss

Korrekturphase: 19. Dezember 1872 bis Mai 1873

Zwei Schreib- und eine Korrekturphase

Einordnung in den Novellenzyklus

In einer ersten Übersicht über die möglichen Inhalte einer Fortsetzung der *Leute von Seldwyla* aus den Jahren 1855/56 erwähnt Keller *Kleider machen Leute* noch nicht.[50] Erstmals nennt er diese Erzählung mit Titel erst am 13. 12. 1872, nach ihrer Fertigstellung, in einer neuen Übersicht der schon geschriebenen und noch zu schreibenden Erzählungen gegenüber seinem damaligen Verlag Vieweg[51]:

1. *Das Leben aus dem Tode [Dietegen]*
2. *Der Schmied seines Glückes*
3. *Kleider machen Leute*
4. *Die missbrauchten Liebesbriefe*
5. *Das Sängerfest [Das verlorene Lachen].*

Offensichtlich schwebt Keller eine Anordnung der Erzählungen nach der historischen Abfolge ihrer Handlungen vor: vom Mittelalter in der ersten bis zu Gegenwart in der fünften Erzählung.

Spitzenstellung der Novelle

Doch eine Woche später, am 19. 12. 1872, als er dem Verlag das Manuskript von *Kleider machen Leute* schickt, meldet er ihm zugleich eine bedeutsame Umstellung der Anordnung[52]:

---

50 Vgl. Keller, *Sämtliche Werke*, HKKA Bd. 21, S. 417–423.
51 Zitiert nach: Selbmann, *Erläuterungen*, S. 52.
52 Zitiert nach: ebd.

1. *Kleider machen Leute*
2. *Der Schmied seines Glückes*
3. *Die missbrauchten Liebesbriefe*
4. *Das Leben aus dem Tode [Dietegen]*
5. *Das Sängerfest [Das verlorene Lachen]*.

Diese Umstellung begründet Keller damit, dass *Kleider machen Leute* besser zur inzwischen verfassten Einleitung passte.

Der nicht erwähnte Grund liegt darin, dass er mit den beiden nunmehr letztgenannten Erzählungen noch nicht fertig ist, dem Verlag aber die Drucklegung der nunmehr drei schon geschriebenen Texte ermöglichen möchte.

Sonderstellung

Die neue Anordnung und ihre Begründung unterstreichen die besondere Bedeutung von *Kleider machen Leute* für beide Hälften des Zyklus *Die Leute von Seldwyla*:

→ Bei ihrem Maskenspiel zur Demaskierung des falschen Grafen entsprechen die „lustigen Seldwyler()" (HL 24,14–15 / R 35,11–12) dem leichtsinnigen Völkchen des früheren Seldwyla[53], dadurch verbindet *Kleider machen Leute* die zweite Hälfte des Zyklus mit der ersten.

→ Die „zehn oder zwölf Jahre()" (HL 39,26–27 / R 58,5), in denen Strapinski in Seldwyla bleibt und zum erfolgreichen Geschäftsmann wird, entsprechen dem Jahrzehnt, in dem der Charakter Seldwylas gemäß der Einleitung „sich ganz in sein Gegenteil zu verwandeln droht." (HL 40,20–21 / R 59,28–29)

Gemeinsames Thema Betrug und Selbstbetrug

→ Mit den beiden folgenden Erzählungen *Der Schmied seines Glücks* und *Die missbrauchten Liebesbriefe* verbindet sich *Kleider machen Leute* nun zur Einheit der drei ersten Erzählungen mit dem gemeinsamen Thema Betrug und Selbstbetrug.

---

53 Vgl. weiter unten Kapitel 3.4 Personenkonstellation und Charakteristiken und Kapitel 5. Materialien, Einleitung 1856.

- → Mit der abgetauschten Erzählung *Dietegen* hat *Kleider machen Leute* drei wesentliche Motive gemeinsam: Rivalität zweier gegensätzlicher Nachbarstädte, Rettung eines Todgeweihten durch die Liebe und die Entfernung in die Nachbarstadt sowie Bewährung in der Nachbarstadt gegen Widerstände.
- → Mit dem zum Schluss geschäftsmäßig nüchtern gewordenen Strapinski, der „beinah gar nicht mehr träumerisch aus[sieht]“ (HL 39,22–23 / R 57,34–35), schlägt *Kleider machen Leute* den Bogen über den ganzen Zyklus bis zur Gegenwart in *Das verlorene Lachen*.

Druck und Publikation

Nach dem Verlagswechsel zum Verleger Ferdinand Weibert der „Göschen'schen Verlagsbuchhandlung“ in Stuttgart und der Korrektur der Druckfahnen erscheint *Kleider machen Leute* im Oktober 1873 im dritten Band der vierbändigen Neuausgabe der *Leute von Seldwyla*.

***KLEIDER MACHEN LEUTE* ALS TEIL DES NOVELLENZYKLUS – MOTIVVERKNÜPFUNGEN**

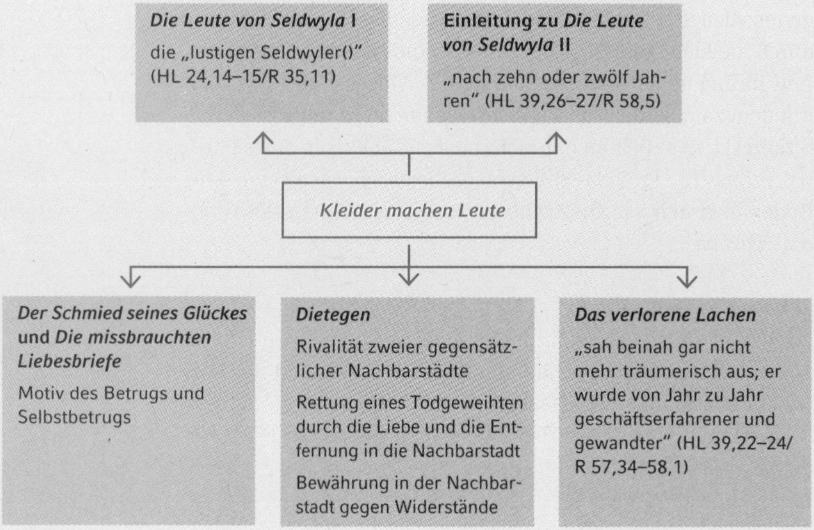

3.2 Inhaltsangabe

ZUSAMMEN-FASSUNG

Der arbeitslose Schneidergeselle Wenzel Strapinski wird aufgrund seiner vornehmen Art und Kleidung und seiner Ankunft in einer Grafenkutsche in Goldach, der Nachbarstadt Seldwylas, für einen polnischen Grafen gehalten. Aus Liebe zur Amtsrats-Tochter Nettchen spielt er die Grafenrolle trotz großer Skrupel erfolgreich weiter. Als die beiden sich verloben, veranlasst der Buchhalter Böhni, der selbst um Nettchen wirbt, die Seldwyler, den falschen Grafen bei der Verlobungsfeier durch ein fastnächtliches Maskenspiel unter dem Motto „Kleider machen Leute – Leute machen Kleider" zu entlarven. Der gedemütigte Strapinski flieht und will im kalten Schnee den Erfrierungstod finden. Doch seine Braut eilt ihm nach, stellt ihn zur Rede, erfährt seine Lebensgeschichte und erkennt, dass er kein Betrüger ist, sondern ein edler Mensch. Sie veranlasst, dass er mit ihr nach Seldwyla zieht und sie heiratet. Beide begründen in Seldwyla ein florierendes Schneidergeschäft und eine große Familie, um nach zehn bis zwölf Jahren als wohlhabende und angesehene Bürger nach Goldach zurückzukehren.

Ein falscher Graf verliebt sich

Unterwegs mit Pelzmütze und Radmantel

Der schlesische Schneidergeselle Wenzel Strapinski hat aufgrund des Bankrotts seines Seldwyler Meisters Stelle und Lohn verloren und ist auf dem Weg nach Goldach. Es ist November, es regnet und schneit. – Strapinski ist mittellos und ausgehungert, sieht aber vornehm und romantisch aus: langes schwarzes Haar, bleiches Gesicht, gepflegtes Schnurrbärtchen, auf dem Kopf eine polnische Pelzmütze und über dem schwarzen Sonntagsrock, seinem einzigen Kleid, ein dunkelgrauer, mit Samt besetzter Radmantel. – Ein von Basel kommender Kutscher lädt ihn unterwegs ein, in seinem leeren Reisewagen Platz zu nehmen. Als der Kutscher in Goldach vor dem Gasthaus „Zur Waage" anhält und Strapinski aussteigt, halten ihn die Wirtsleute für einen ausländischen Adligen und wollen ihn aufs Beste bewirten. Der hungrige Strapinski wehrt sich nicht und greift wacker zu. Der Kutscher, in der einfachen Stube verköstigt, fährt inzwischen ohne ihn weiter und gibt ihn beim Abschied für den Grafen Strapinski aus. – Am Nachmittag erscheinen die kleinstädtischen Notablen[54] und wollen sich dem fremden Gast, wie schon der Wirt, von ihrer besten Seite zeigen. Nach Kaffee und Zigarre fahren sie aufs Landgut eines gastfreundlichen Amtsrats, trinken neuen Wein und spielen Karten. Aufgrund seiner Zeit bei den Husaren weiß Strapinski die Pferde eines Jagdwagens wie ein Herr zu zügeln, beim Kartenspiel benutzt er Redensarten, die er bei Offizieren und Gutsherrn gehört hat. Alle sind deshalb von seiner adligen Herkunft überzeugt, nur Melchior Böhni, Buchhalter einer großen Spinnerei, bemerkt seine zerstochenen Finger und freut sich heimlich auf einen kommenden Skandal. Beim Glücksspiel schießt er Strapinski den nötigen Einsatz vor. Dieser gewinnt so viel, dass er alle Verköstigungen bezahlen und sich verabschieden könnte. – Als er sich aber heimlich entfernen

Nettchen

will, stößt er auf den Amtsrat und dessen hübsche Tochter Nettchen. Er ist sofort in sie verliebt, und auch ihr gefällt er sogleich, weil er in seiner Schüchternheit und Ehrerbietung nobel und unverdorben wirkt. Nun beginnt Strapinski selbst, die ihm auferlegte Rolle des polnischen Grafen zu spielen, und singt beim Abendessen, zu dem ihn der Amtsrat einlädt, ein polnisches Volksliedchen,

---

54 Die durch Rang oder Vermögen ausgezeichneten Bürger.

dessen Inhalt er ebenso wenig versteht wie seine Gastgeber. – Die Nacht verbringt er in der „Waage“. Er will sein vermeintlich auf der Kutsche vergessenes Gepäck nicht holen lassen mit der Begründung, man müsse seine Spur verlieren. Das legen der Wirt und die Stadtbewohner so aus, dass er als polnischer Graf Opfer einer politischen oder Familienverfolgung sei. Er wird von ihnen anderntags mit allem Nötigen versorgt. Beim Rundgang durch die Stadt fühlt er sich wie in einer anderen Welt und ist am Stadttor fest entschlossen, den Trug zu beenden. Vom Weggang bringt ihn zum zweiten Mal das Auftreten Nettchens ab. Er sieht sie im Pfer-

Nettchen (Hertha Feiler) und Wenzel (Heinz Rühmann) in der Verfilmung von Helmut Käutner (1940) © ullstein bild

defuhrwerk vorbeifahren, kehrt in die Stadt zurück, wächst in den folgenden Tagen immer besser in die Rolle hinein, die die Stadt ihm zuschreibt, und wird so „zum Helden eines artigen Romanes, an welchem er gemeinsam mit der Stadt und liebevoll arbeitete" (HL 18,43–19,2 / R 27,7–9).

„Held eines artigen Romans"

Die Verlobung führt zur Demaskierung

Lotteriespiele

Neben seinen erfolgreichen Tagen verbringt Strapinski in den folgenden Monaten schlaflose Nächte. Vom schlechten Gewissen getrieben, beginnt er auf dem Korrespondenzweg ein immer erfolgreicheres Lotteriespiel. In dieser Korrespondenz sehen die Goldacher einen weiteren Beweis seines heimlichen Reichtums und großen Ansehens. Nettchens freundlicher Umgang mit ihm veranlasst sie, diese als „Gräfin" zu bezeichnen. Er ist deshalb wieder entschlossen abzureisen und verkündet bei einem Ball in der Fastnachtszeit seinen bevorstehenden Weggang. Ein drittes Mal bewegt Nettchen ihn nun dadurch zum Bleiben, dass sie ihm nacheilt, als er den Ball verlässt, und ihm weinend um den Hals fällt. Beide wollen sich nun sofort verloben, der überrumpelte Amtsrat willigt ein, und Strapinski setzt alle seine Geldmittel zum Verlobungsfest ein, das in einem Gasthaus „genau in der Mitte zwischen Goldach und Seldwyla" (HL 21,38–39 / R 31,22–23) stattfinden soll. – In einem großen Schlittenzug fahren die Gäste an einem Wintermittag zum Gasthaus. Dort trifft zur gleichen Zeit ein Zug fastnächtlich geschmückter Schlitten aus Seldwyla ein, deren Insassen als Schneidersleute verkleidet sind. Der erste Schlitten trägt die Inschrift: „Leute machen Kleider", der letzte, besetzt mit Leuten in Adelskostümen: „Kleider machen Leute!" Die beiden Gesellschaften essen getrennt, doch nach dem Essen erscheinen die Seldwyler im Tanzsaal und zeigen in einer Pantomime, wie Leute durch Kleider zu Adligen gemacht werden, im

Verlobungsfest und Maskenspiel

Besonderen auch eine Figur, die als Graf Strapinski erscheint. Der Schneider, der dessen Grafenrock fertig stellt, entlarvt Strapinski schließlich als seinen ehemaligen Gesellen, bevor alle unter Musik und wohleinstudiertem Lachen verschwinden. – Der entlarvte Strapinski verlässt stumm die beiden Gesellschaften, verschwindet im Wald, Richtung Seldwyla, beginnt aus Scham und Reue bitter zu weinen, wirft sich, als der Seldwyler Schlittenzug vorbeifährt, in den Schnee und schläft in der Eiseskälte ein.

Die Verlobte rettet und heiratet den Entlarvten

Nettchen bleibt zunächst eine Stunde unbeweglich sitzen, beantwortet keinen Tröstungsversuch und verlässt schließlich weinend und wie in Trance mit Strapinskis Mütze und Handschuhen das Gasthaus. Melchor Böhni, der schon lange vergeblich um Nettchen geworben und heimlich das Spiel mit den Seldwylern eingefädelt hat, glaubt seine Stunde gekommen und bietet sich als Retter in der Not an. Doch Nettchen beachtet ihn nicht und fährt, ohne recht zu wissen warum, mit einem Pferdeschlitten Richtung Seldwyla davon. Sie will offenbar genauer wissen, was beiden widerfahren ist, sucht den Weg nach Strapinski ab, findet ihn halb verfroren im Schnee, weckt ihn mit Schnee und Nasenstüber und bringt ihn in ein Bauernhaus am Waldrand, dessen Bewohner ihrem Vater als Gutsherr und ihr als Patin eines der Kinder verbunden sind. – Nach einem warmen Kaffee ist Strapinski bereit, ihr seine ganze Geschichte zu erzählen. Sie erfährt, dass er nie danach strebte, mehr aus sich zu machen, als er war, ein armer Schulmeisterssohn, der nach dem frühen Tod des Vaters mit der Mutter allein blieb und mit sechzehn auch dann noch zu ihr hielt und Schneider wurde, als eine Gutsherrin sich anerbot, ihn in die Residenzstadt mitzunehmen und „etwas Feines“ (HL 33,16 / R 48,27) aus ihm zu machen. Als sie während seines Husarendiens-

Die Aussprache

tes gestorben war, wurde er zum reisenden Gesellen und gelangte schließlich nach Seldwyla und Goldach. Der Bericht überzeugt Nettchen von der aufrichtigen und uneigennützigen Liebe Strapinskis. Sie will sich zu ihm bekennen, wie er ist, „ein armer Wandersmann“ (HL 35,40–41 / R 52,22), mit ihm nach Seldwyla ziehen „und dort durch Tätigkeit und Klugheit die Menschen, die uns verhöhnt haben, von uns abhängig machen!“ (HL 35,43–36,2 / R 52,25–27). – Der Amtsrat und Böhni versuchen, Nettchen zuerst in Frieden zurückzugewinnen, dann durch ein bewaffnetes Aufgebot, „als ob Seldwyla ein neues Troja werden sollte.“ (HL 38,17–18 / R 56,10–11) Die Seldwyler aber halten zu Nettchen, auch aufgrund des Gerüchts, sie werde ein ansehnliches Vermögen in die Stadt bringen. Tatsächlich verhilft ein Rechtsanwalt ihr zur Auszahlung ihres mütterlichen Erbes und Strapinski zum Nachweis, dass seinem Auftritt als Graf in Goldach keine Betrugsabsicht zugrunde lag. Durch Bescheidenheit, Sparsamkeit und Fleiß wird Strapinski zu einem wohlhabenden Kleiderfabrikanten und Tuchhändler, der in gemeinsamen Spekulationen mit dem versöhnten Amtsrat sein Vermögen verdoppelt, schließlich mit Nettchen und mehr als zehn Kindern nach Goldach zurückkehrt und in Seldwyla, „sei es aus Undank oder aus Rache“ (HL 39,30–31 / R 58,10), kein Geld zurücklässt.

Familienglück und Reichtum

3.3 Aufbau

ZUSAMMENFASSUNG

- → Die Novelle lässt sich wie ein Drama in drei Akte gliedern: 1. Exposition und Verwicklung: Ein falscher Graf verliebt sich, 2. Höhe- und Wendepunkt: Die Verlobung führt zu seiner Demaskierung, 3. Fall und Entscheidung: Die Verlobte rettet und heiratet ihn.
- → Für die Einheit der Novelle sorgen Seldwyla als Rahmen, das durchgehende Titelmotiv „Kleider machen Leute" sowie die unerhörte Begebenheit einer Täuschung, die die Wahrheit hervorruft.
- → Die Mehrschichtigkeit der Erzählung ergibt sich durch die Vielzahl einander kreuzender und ergänzender Perspektiven und den großen Anspielungsreichtum des auktorialen Erzählverhaltens.

Gliederung

Im Manuskript, das Keller am 19. 12. 1872 an den Vieweg-Verlag schickt, macht er zwei große Absätze, die den Text in drei Teile gliedern:

1. Teil	HL 3,1–19,3 / R 3,1–27,10
2. Teil	HL 19,4–28,3 / R 27,11–40,31
3. Teil	HL 28,4 / R 40,32 – Schluss

Vergleich mit Drama in drei Akten

Diese Dreiteilung legt den Vergleich mit einem **Drama in drei Akten** nahe. Für die Gliederung der Handlung in Analogie zum dreiaktigen Drama spricht auch die Tatsache, dass Keller sich bis in die 1860er Jahre bemüht hat, ein Drama zu schreiben, und dass die Novelle seit August Wilhelm Schlegel (1767–1845) einen dramenähnlichen Spannungsbogen aufweisen sollte.

Im ersten Akt konzentriert sich die Handlung auf Goldach, im dritten auf Seldwyla und dazwischen, im zweiten, auf ein Gasthaus „genau in der Mitte zwischen Goldach und Seldwyla“ (HL 21,38–39 / R 31,22–23).

Der zweite Akt enthält mit dem Maskenspiel der Seldwyler zur Demaskierung Strapinskis den **Höhe- und Wendepunkt der Handlung**: Der vermeintliche Graf wird als Schneider entlarvt, **„Kleider machen Leute“** verkehrt sich in **„Leute machen Kleider“**.

Einheit

Einheit des Erzählflusses

Als bei der Drucklegung von *Kleider machen Leute* die beiden Einschnitte des Manuskripts zur Dreiteilung des Textes wegfielen, hat Keller bei der Korrektur der Druckfahnen nicht auf diesen Einschnitten beharrt und damit die Einheit des Erzählflusses unterstrichen.[55] In einem Brief an Emil Kuh spricht er sich am 12. 2. 1874 grundsätzlich dagegen aus, dass seine Texte nach einem bestimmten Aufbauschema analysiert werden, und kritisiert „das Grübeln über die Mache“, „dieses aprioristische Spekulieren, das beim Drama noch am Platz ist, aber nicht bei der Novelle u[nd] dergleichen.“[56]

Die Einheit des Erzählens beruht neben dem durchgehenden auktorialen Erzählverhalten der Erzählinstanz und deren durchgehaltenem Erzählton (siehe weiter unten), auf der Rahmung der Erzählung durch Seldwyla und auf dem durchgängigen Titelmotiv „Kleider machen Leute“.

---

55 Vgl. Villwok: *Kommentar*, in: Gottfried Keller (2005), S. 126–127.
56 Keller, *Sämtliche Werke*. HKKA Bd. 21, S. 552.

Goldach →	**2. Höhe- und Wendepunkt:** Der vermeintliche Graf verlobt sich und wird dabei als Schneider entlarvt.	→ Seldwyla
1. Exposition und Verwicklung: Ein armer Schneider wird für einen Grafen gehalten und verliebt sich.	Gasthaus	**3. Fall und Entscheidung:** Der falsche Edelmann erweist sich als wahrhaft edler Mensch, heiratet und wird als Kleidermacher erfolgreich.
1. Hälfte Weil seine **Kleider** ihn zum **Edelmann** machen, erlangt Strapinski den **sozialen Aufstieg** und mit diesem die **Liebe** Nettchens.	**Wende** (Mittelachse)	**2. Hälfte** Weil Nettchens **Liebe** sich bewährt, erkennt sie Strapinski als **edlen Menschen**, und er erlangt nach der Heirat den **sozialen Aufstieg**, indem er **Kleider** macht.
„Kleider machen Leute"	→	**„Leute machen Kleider"**
Nettchens **Liebe** beruht darauf, dass sie Strapinski **verkennt.** Sie weiß fast nichts von ihm und schwärmt **aus romantischem Exotismus** für ihn, weil er ihr als „polnischer Graf (…) aus wildester Ferne" (HL 21,18 / R 30,31–32) zu kommen scheint.		Nettchens **Liebe** beruht darauf, dass sie Strapinski **erkennt.** Sie erfährt das Wesentliche aus seinem Leben und will nun **aus realistischer Sichtweise** zu ihm halten, so wie er ist, ein „armer Wandersmann" (HL 35,41 / R 52,22), und mit ihm „durch Tätigkeit und Klugheit" (HL 35,43–36,1 / R 52,25–26) weiterkommen.
Strapinskis sozialer **Aufstieg misslingt** am Verlobungsfest, weil er auf **Täuschung** beruht.		Strapinskis sozialer **Aufstieg gelingt** nach der Hochzeit, weil er auf **Einsicht** beruht.
Täuschung	**Maskenspiel/Demaskierung**	**Erkenntnis**

Seldwyla als Rahmen

Seldwyla bildet den Rahmen nicht nur des ganzen Zyklus der *Leute von Seldwyla*, sondern auf spezifische Weise auch von *Kleider machen Leute*. Zentraler Ort der Handlung ist zwar Goldach, aber Seldwyla ist der Ausgangspunkt der Wanderung Strapinskis und der Endpunkt seiner Abenteuer. Und in der Mitte der Novelle sorgt der Seldwyler Auftritt im Gasthaus für deren klare Zweiteilung (siehe oben). Den Abschluss des Ganzen bildet Seldwyla dadurch, dass die Erzählinstanz diesem Ort den letzten Satz widmet, nachdem Strapinski nach Goldach übersiedelt ist.

Der Wahlspruch „Kleider machen Leute“ kommt ebenso wie seine Umkehrung nur zweimal im Text vor. Doch während „Leute machen Kleider“ nur im Maskenspiel selbst wiederholt wird (HL 23,19 u. 24,21 / R 33,35 u. 35,18), erscheint das Titelmotiv „Kleider machen Leute“ das zweite Mal außerhalb vom Maskenzug, als Nettchen im Wald den schlafenden und schon halb erstarrten Strapinski findet:

> „Ja, er war es. Der dunkelgrüne Samt seines Rockes nahm sich selbst auf dem nächtlichen Schnee schön und edel aus; der schlanke Leib und die geschmeidigen Glieder, wohl geschnürt und bekleidet, alles sagte noch in der Erstarrung, am Rande des Unterganges, im Verlorensein: Kleider machen Leute!“ (HL 29,39–43 / R 43,23–28)

Entgegen der Vorstellung der Seldwyler bewährt sich das Motto also auch noch nach der Demaskierung Strapinskis. Dessen Kleidung steht hier nicht mehr nur für den **Anschein edler Herkunft**, sondern auch für den **Aufschein seines edlen Wesens.**

Heinz Rühmann (r.) als Schneidergeselle Wenzel in der Verfilmung von Helmut Käutner (1940)
© Cinetext

Das **Verkennen** (Schein) und das Erkennen (Sein) stehen in *Kleider machen Leute* also nicht bloß im Gegensatz zueinander, sondern in einer **Folgebeziehung**. Das Verkennen der ersten Phase bildet die Voraussetzung zum Erkennen in der zweiten, weil Strapinski nur dank der Täuschung von den Goldachern und von Nettchen überhaupt wahrgenommen wird und weil schon in der Täuschung wesentliche seiner Züge sichtbar werden, die sich nach der Einsicht bewähren:

Nettchen erkennt und schätzt im vermeintlichen Edelmann schon jene „Schüchternheit, Demut und Ehrerbietung“ (HL 13,25 / R 19,2–3), die Strapinski auch weiterhin auszeichnen, wenn er als

Schneidermeister „bescheiden, sparsam und fleißig“ (HL 39,13 / R 57,22–23) ist.

Strapinski lernt schon als vermeintlicher Graf „in Stunden, in Augenblicken, was andere nicht in Jahren, da es in ihm gesteckt hatte, wie das Farbenwesen im Regentropfen“ (HL 18,33–35 / R 26,30–32), und diese Fähigkeit, dem Bild, das seine Umwelt sich von ihm macht, so zu entsprechen, dass er es weiter ausarbeitet „nach seinem eigenen Geschmacke“ (HL 18,40 / R 27,3), kommt ihm zu Gute, wenn er die Seldwyler mit allen schönen Kleidern versorgt, die sie sich wünschen.

Die unerhörte Begebenheit

Die novellenhafte „eine unerhörte Begebenheit“ liegt also darin, dass Strapinski und Nettchen **durch die getäuschte Liebe (Schein) zur wahren Liebe (Sein)** kommen, weil die **Wahrheit durch die Täuschung** offenbart wird.

Strapinski wird als armes Schneiderlein ebenso verkannt wie als falscher Graf. Er ist beides nur halb, d. h., er ist beides nicht wirklich. Die Wahrheit dieses zweifachen halben Scheins erfahren wir zusammen mit Nettchen durch das erinnernde Erzählen Strapinskis im Gespräch mit ihr. Dieses Gespräch offenbart Strapinski als edlen Menschen, der das Zeug zu einem erfolgreichen Schneider hat.

Deshalb wird nun auch deutlich, dass seine Demaskierung im Maskenspiel der Seldwyler nur den Schein der Wahrheit darstellt.

Und doch sind **beide Extreme als unabdingbare Durchgangsphasen** nötig, um zur Wahrheit Strapinskis zu gelangen: **die archaisch karnevalistische Verkehrung der Dinge** im Seldwyler Maskenspiel und **die modern anmutende Anamnese**, d. h. Vorgeschichte des Leidens, im therapeutisch wirkenden Gespräch mit Nettchen.

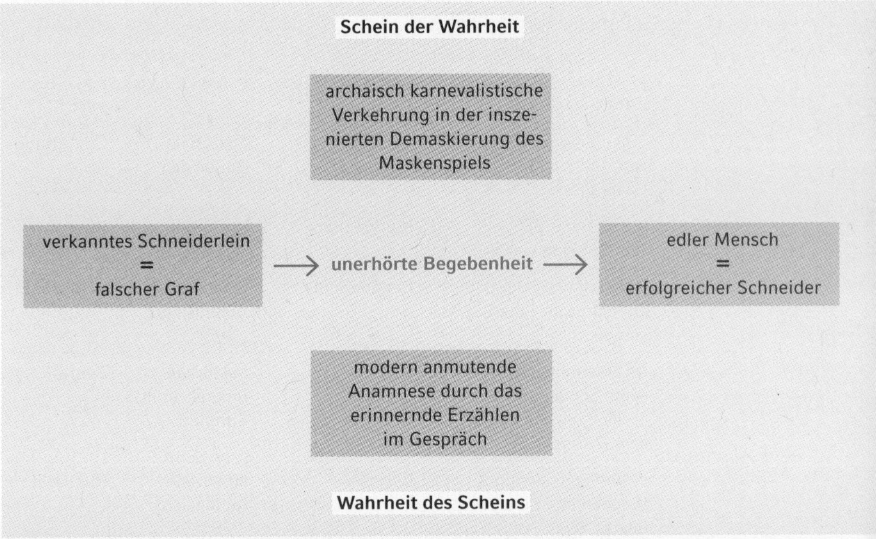

Mehrschichtigkeit

Auktoriales Erzählverhalten

Das auktoriale Erzählverhalten der Erzählinstanz gewährleistet die Einheit der Erzählung, ermöglicht aber durch den Wechsel der Darstellungsweisen (Bericht, Beschreibung, Kommentar, Figurenrede), der Perspektiven (Außen- und Innensicht verschiedener Figuren) und der Erzählzeit (Dehnung, Deckung, Raffung, Vor- und Rückwendungen) eine große Mehrschichtigkeit des Erzählens.

Beispiel:

TEXT (HL 14,15–25 / R 20,10–29)	DARSTELLUNGS-WEISE	PERSPEKTIVE	ERZÄHL-ZEIT
„Da man guter Dinge war, sangen ein paar Gäste Lieder,	Bericht	auktoriale Außensicht	Zeitraffung
die in den dreißiger Jahren Mode waren.	Kommentar	auktoriale Außensicht	Rückgriff
Der Graf wurde gebeten, ein polnisches Lied zu singen.	Redebericht	auktoriale Außensicht	Zeitraffung
Der Wein überwand seine Schüchternheit endlich, obschon nicht seine Sorgen;	Bericht	auktoriale Innensicht in Strapinski	Zeitraffung
er hatte einst einige Wochen im Polnischen gearbeitet	Bericht	auktoriale Außensicht	Rückgriff
und wusste einige polnische Worte, sogar ein Volksliedchen auswendig, ohne ihres Inhalts bewusst zu sein,	Bericht	auktoriale Innensicht in Strapinski	Zeitraffung
gleich einem Papagei.	Kommentar	auktoriale Außensicht	
Also sang er mit edlem Wesen,	Bericht	auktoriale Außensicht	Zeitraffung
mehr zaghaft als laut und mit einer Stimme, welche wie von einem geheimen Kummer leise zitterte, auf polnisch:	Beschreibung	auktoriale Außensicht	Vorgriff, Zeitraffung
Hunderttausend Schweine pferchen (…)“	Figurenrede	neutrale Außensicht	Zeitdeckung

Szenische Darstellung als Technik des Realismus

Gegenüber der vorherrschenden Stimme der Erzählinstanz fallen zwei längere Passagen auf, in denen die **Figurenrede** vorherrscht: zu Beginn bei der Bewirtung Strapinskis (HL 4,27–5,43 / R 5,19–7,19) sowie aufs Ende hin beim klärenden Gespräch zwischen Strapinski und Nettchen (HL 31,18–36,2 / R 45,30–52,27). Mit dieser zweimaligen Verwendung der **szenischen Darstellung** verwendet Keller eine Technik des Realismus, das Geschehen dadurch als wahrscheinlich erscheinen zu lassen, dass die Figuren sich selbst darstellen und damit auch offenbaren.

Diese Technik, den Lesenden das Geschehen unmittelbar vor Augen zu führen, damit sie sich selbst von dessen Glaubhaftigkeit überzeugen, wendet Keller nicht von ungefähr in der Einleitung **der beiden unwahrscheinlichsten Vorgänge** an: des unerhörten Glaubens der Goldacher, Strapinski sei adliger Herkunft, und der unerhörten Bereitschaft Nettchens, Strapinski den Betrug zu verzeihen und ihn zu heiraten. Das Unwahrscheinlichste wird mit dem Erzählmittel dargestellt, das die **größte Illusion der Wahrscheinlichkeit** vermittelt, der szenischen Darstellung.

Im übrigen Text verfolgt Keller den Grundsatz, den er in seiner vierten Rezension der Werke Gotthelfs schon 1855 vertreten hat:

Integration von Beschreibung und Kommentar

> „Zu den ersten äußern Kennzeichen des wahren Epos gehört, dass wir alles Sinnliche, Sicht- und Greifbare in vollkommen gesättigter Empfindung mitgenießen, ohne zwischen der registrierten Schilderung und der Geschichte hin- und hergeschoben zu werden, d. h. dass die Erscheinung und das Geschehende ineinander aufgehen.“[57]

---

57 Keller, *Jeremias Gotthelf* [IV 1855], S. 120–121.

Diese **epische Integration** der Beschreibungen und Kommentare liegt auch in *Kleider machen Leute* vor. Das gilt auch für die drei Beschreibungen der Kleider, die Strapinski trägt (HL 3,14–20; 22,8–10; 29,39–43 / R 3,18–24; 32,2–4; 43,23–28) sowie derjenigen, die er fabriziert (HL 39,15–18 / R 57,24–27).

Demgegenüber treten **zwei längere Beschreibungen** umso deutlicher hervor, die **nicht in den Fortgang des Erzählens und der Handlung eingebunden** sind, sondern diesen eher aufhalten: diejenige Goldachs, seiner Häuser und deren Namen und Sinnbilder (HL 16,29–17,31 / R 23,22–25,8), und diejenige der beiden Schlittenzüge, die sich von Goldach und Seldwyla aus dem Wirtshaus nähern (HL 22,14–23,12 / R 32,10–33,26). Beide Beschreibungen zeigen, welch bedeutungsvolles Aussehen sich die Goldacher bzw. Seldwyler geben. Das Grundthema „Kleider machen Leute" wird so über die Kleidung hinaus auf andere **Formen der Selbstinszenierung** ausgeweitet. Der täuschende Schein ist nicht einfach Strapinskis Problem, sondern eher das der beiden Gesellschaften, in denen er verkehrt.

Häuser und Schlitten als Mittel der Selbstinszenierung

Zugleich offenbaren die Häuser und die Schlitten – wie die Kleider Strapinskis für diesen – auch die **Ideale**, die das Fühlen, Denken und Handeln der Goldacher und Seldwyler leiten. In den Häusern und deren Sinnbildern suchen die Goldacher den Bezug zum Mittelalter, zur Aufklärung und zum Welthandel, in den Schlitten und deren Allegorien zu Bürgertugenden, zur Antike und zur Bibel. Die weniger vornehmen Seldwyler hingegen beschränken sich auf die Fastnacht und die Zunftordnung.

Die **Kommentierung des Geschehens** integriert Keller ähnlich wie die Beschreibungen in den Fortgang des Erzählens und der Handlung. Auch hier aber tritt eine Passage besonders hervor, in der der Erzähler einhält und sich grundsätzlich zur **Frage des betrügerischen Auftretens** äußert (HL 27,10–23 / R 39,21–40,3). Er zählt fünf Beispiele auf, je eines aus der Politik, der Religion, der Wissenschaft, der Kunst und der Ökonomie, die zeigen, dass die hochrangigen Betrüger dort nicht nur geduldet werden, sondern sich – im Gegensatz zum kleinen Schneider Strapinski – „ihres Wohlseins" erfreuen und „nicht einen Abend ohne aufheiternde Gesellschaft und gute Freunde" bleiben (HL 27,22–23 / R 40,1–3).

Dieser Einhalt im epischen Fortgang zeigt über die oben genannten Beschreibungspassagen hinaus, dass der täuschende Schein nicht nur über Strapinkis Person hinaus in Goldach und Seldwyla üblich ist, sondern noch mehrfach übertroffen wird durch das, was in der Gesellschaft des Erzählers und des Lesepublikums, das er anspricht, an Täuschungen üblich ist.

Funktion kleinerer Erzählkommentare

Daneben gibt es mehrmals kleinere Erzählkommentare, die vor allem die Bedeutung des Verhaltens Strapinskis für den Fortgang der Handlung betreffen (vgl. HL 6,21–23; 7,18–19; 10,37–41; 13,22–23 / R 8,10–13; 9,24–25; 14,34–15,4; 18,33–35). Diese Kommentare heben das Zusammenspiel von „selbsttätigen Fehler(n)" (HL 7,18 / R 9,24–25) und unbeabsichtigter „Fügung" (HL 10,37 / R 14,34) hervor und dienen dazu, den novellenhaften Charakter der ausdrücklich angesprochenen „Wendung(en)" (HL 13,22 / R 18,34) hervorzuheben und sie als Ergebnisse des **Ineinandergreifens früherer Ereignisse, gegenwärtiger Handlungen und unerhörter Zufälle** erscheinen zu lassen.

Funktion kommentierender Rückwendungen

Dieses Ziel verfolgen auch die kommentierenden Rückwendungen der Erzählinstanz (vgl. HL 3,21–27; 9,1–5; 10,36–41 / R 3,25–4,10; 12,5–10; 14,34–35,4), die deutlich wertenden Charakterisierungen der Goldacher (vgl. HL 9,29–32; 16,3–8 / R 13,7–10; 22,26–32) und Nettchens (HL 13,33–34 / R 19,12–14) und die ausführliche Darlegung der Schauspielkünste Strapinskis (vgl. HL 18,31–19,3 / R 26,27–27,10): Die Rückwendungen erklären die Anlage Strapinskis, für einen Grafen gehalten zu werden; die

Charakterisierungen der Goldacher und Nettchens erklären deren Bereitschaft, diese Täuschung voranzutreiben. Die Darlegung der Schauspielkünste Strapinskis zeigen, wie beides zusammenspielt.

Im Ergebnis geht es darum, einerseits die Abfolge von Ereignissen und Verhaltensweisen weiterhin als **unglaublich** erscheinen zu lassen und ihnen andererseits doch die größtmögliche **realistische Wahrscheinlichkeit** zu verschaffen.

Unwissenheit der Erzählinstanz

Dieser **Ambivalenz von Glaubwürdigkeit und Unglaubwürdigkeit** dienen auch drei Kommentare, in denen die Erzählinstanz vorgibt, selbst nicht genau zu wissen, wie sich bestimmte Vorgänge plausibel erklären ließen.

1) Als Strapinski im Gasthaus „zur Waage" absteigt, äußert die Erzählinstanz zwei mögliche Vermutungen für die Tatsache, dass Strapinski sich der verfänglichen Situation nicht einfach entzieht, und überlässt die Entscheidung den Lesenden, indem sie die entsprechende Leerstelle durch einen Gedankenstrich markiert:

> „Mochte es nun der Mangel an Geistesgegenwart oder an Mut sein, den Haufen zu durchbrechen und einfach seines Weges zu gehen, – er tat dieses nicht". (HL 4,20–22 / R 5,10–13)

2) Für die Tatsache, dass der Kutscher bei seinem „schlechten Spaß" (HL 8,36 / R 11,29) Strapinski unter dessen richtigem Namen als Grafen ausgibt, erwägt die Erzählinstanz ebenfalls zwei Möglichkeiten, ohne eine Entscheidung zu treffen:

> „(…) mochte es nun ein Zufall sein oder mochte der Schneider sein Wanderbuch im Wagen hervorgezogen, es dort vergessen und der Kutscher es zu sich genommen haben. Genug, (…)". (HL 9,2–5 / R 12,7–10)

3) Am ausführlichsten schwankt die Erzählinstanz schließlich, als es zu erklären gilt, warum Nettchen nach Strapinskis Weggang den Weg nach Seldwyla einschlägt und damit die Möglichkeit erhält, ihn zu finden:

Warum fährt Nettchen Richtung Seldwyla?

> „Warum Nettchen jenen Weg eingeschlagen, ob in der Verwirrung oder mit Vorsatz, ist nicht sicher zu berichten. Zwei Umstände mögen hier ein leises Licht gewähren. Einmal lagen sonderbarerweise die Pelzmütze und die Handschuhe Strapinskis, welche auf dem Fenstersimse hinter dem Sitze des Paares gelegen hatten, nun im Schlitten der Fortuna neben Nettchen; wann und wie sie diese Gegenstände ergriffen, hatte niemand beachtet, und sie selbst wusste es nicht; es war wie im Schlafwandel geschehen. Sie wusste jetzt noch nicht, dass Mütze und Handschuhe neben ihr lagen. Sodann sagte sie mehr als einmal laut vor sich hin: ‚Ich muss noch zwei Worte mit ihm sprechen, nur zwei Worte!'
> Diese beiden Tatsachen scheinen zu beweisen, dass nicht ganz der Zufall die feurigen Pferde lenkte. Auch war es seltsam, als die Fortuna in die Waldstraße gelangte, in welche jetzt der helle Vollmond hineinschien, wie Nettchen den Lauf der Pferde mäßigte und die Zügel fester anzog, so dass dieselben beinahe nur im Schritt einhertanzten, während die Lenkerin die traurigen, aber dennoch scharfen Augen gespannt auf den Weg heftete, ohne links und rechts den geringsten auffälligen Gegenstand außer Acht zu lassen." (HL 28,39–29,16 / R 42,6–30)

In alle drei Fällen erreicht die Erzählinstanz die Verunsicherung der Lesenden in mehrfacher Hinsicht:

Verunsicherung des Lesers

→ Warum ist die Erzählinstanz nicht in der Lage „sicher zu berichten" (HL 28,40 / R 42,7–8)?

→ Haben wir es mit etwas tatsächlich Geschehenem zu tun, dessen Ursachen ehrlicherweise kein Berichterstatter voll aufdecken kann?

→ Oder bleiben diese Ursachen umgekehrt gerade deshalb ungeklärt, weil wir es mit so ausgefallenen Vorgängen und Menschen zu tun haben, dass wir es bei ihrem „sonderbaren" und „seltsamen" Charakter und dem Hinweis auf den „Zufall" belassen müssen?

→ Warum aber ist dann aus eben den „sonderbaren" und „seltsamen" Gegebenheiten zu schließen, dass es „nicht ganz der Zufall" (HL 29,8–9 / R 42,21) ist, der dahinter steckt?

Die Erzählinstanz versetzt die Lesenden so in eben jene Situation, die den Figuren der Geschichte selbst zum Verhängnis zu werden droht: Was **in den Erscheinungen Täuschung oder Offenbarung** ist, was bloß **scheint, weil es nicht ist,** oder was **scheint, weil es ist**, lässt sich nicht mit voller Sicherheit ausmachen.

Komplexität der Wirklichkeit

Anders gesagt: Was die Wirklichkeit ausmacht, lässt sich nicht ergründen mit dem bloßen Hinweis auf das, was sich zeigt. In der erscheinenden Wirklichkeit liegt eine Fülle von möglichen und ebenso gültigen Wirklichkeiten.

Die Einsicht in die komplexe Mehrschichtigkeit der Wirklichkeit fördert der Text durch eine Fülle von impliziten Kommentaren, die das Geschehen und die Figuren **anspielungsreich überhöhen und zugleich relativieren** und so den Lesenden eine **Haltung der ironischen Distanz und der humorvollen Nähe** vermitteln. So kann eine Charakterisierung wie „ein armes Schneiderlein" (HL 3,1–2 / R 3,2) auf Märchenhaftes anspielen, eine Metapher wie „der Märtyrer seines Mantels" (HL 3,34 / R 4,9) auf Religiöses und ein Vergleich wie „als ob Seldwyla ein neues Troja werden sollte" (HL 38,17–18 / R 56,10-11) auf Homer und die griechische Mythologie (vgl. unten Kapitel 3.6 Stil und Sprache).

3.4 Personenkonstellation und Charakteristiken

ZUSAMMEN-FASSUNG

Die Beziehungen der Personen werden durch klare **Symmetrien von Analogie und Gegensatz** markiert:

- → Der absichtlichen Täuschung durch den Kutscher steht die unabsichtliche Täuschung der Wirtsleute im Gasthaus „Zur Waage" gegenüber.
- → Dem armen und unbeholfenen Halbwaisensohn Strapinski begegnet die wohlhabende und tatkräftige Halbwaisentochter Nettchen.
- → Der missgünstige Goldacher Buchhalter Böhni findet in einem missgünstigen Seldwyler Schneidermeister seinen Verbündeten.
- → Dem passiven Träumer Strapinski fällt das Glück zu, während der aktive Realist Böhni sein eigenes Unglück schafft.
- → Die vornehmen, aber naiven Goldacher sehen sich durch einen falschen Grafen betrogen, die einfachen, aber schlauen Seldwyler entlarven ihn.
- → Schließlich sehen sich die schlauen Seldwyler durch den Schneider als erfolgreichen Geschäftsmann um ihr Geld gebracht, während die naiven Goldacher ihn als angesehenen Bürger empfangen können.

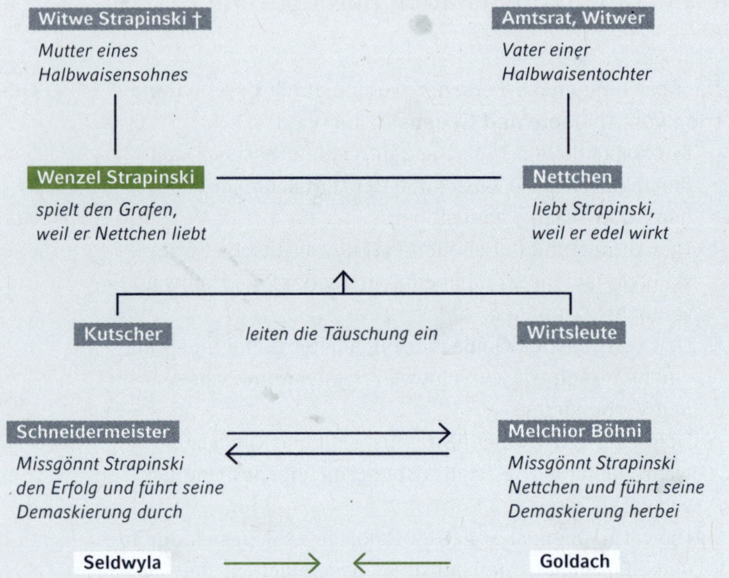

Entsprechung und Widerspruch

Sowohl die Einzelpersonen wie die Stadtgemeinschaften lassen sich zu je einem Gegenüber von zwei Polen anordnen, die im Verhältnis von Entsprechung und Widerspruch zueinander stehen und einander so **in wechselseitiger Spiegelung** erhellen. Beginn, Verlauf und Ende der Täuschung der Goldacher durch Strapinski werden als Ergebnis der Neigung aller Beteiligten gezeigt, ihr anheimzufallen. Das geht aus ihren Eigenschaften als **Einzelcharakteren** ebenso hervor wie aus ihrer Angehörigkeit zu den **Stadtgemeinschaften** Goldach und Seldwyla. Die Handlung beruht auf der Wechselwirkung individueller und sozialer Gegebenheiten.

Die beiden Hauptfiguren Strapinski und Nettchen ergänzen einander in mehreren Hinsichten durch Gemeinsamkeiten und Unterschiede ebenso wie die beiden Eltern, die verstorbene Mutter Strapinski und Nettchens Vater, der Amtsrat.

Wenzel Strapinski

Bedürfnis nach einer feineren Art

Wenzel ist das einzige Kind seines früh verstorbenen Vaters. Er entwickelt eine enge Beziehung zu seiner Mutter. Sie weckt in ihm das Bedürfnis nach einer feineren Art und nach zierlicher und gesuchter Kleidung. Doch als er bei einer reichen Gutsherrin „etwas Feines lernen" (HL 33,16 / R 48,27) und sozial aufsteigen könnte, kann sie ihn nicht loslassen. Er ist bereit, „mit ihr arm zu bleiben" (HL 33,22–23 / R 48,35), und wird Schneider. Diese **Bereitschaft, sich von außen leiten zu lassen**, bleibt ein Grundzug seines Charakters: So lässt er sich durch die Goldacher die Rolle des Grafen auferlegen, durch Nettchen dreimal vom Weggang abhalten und durch sie schließlich dazu bestimmen, in Seldwyla „durch Tätigkeit und Klugheit" (HL 35,43–36,1 / R 52,25–26) ein erfolgreicher Geschäftsmann und vielfacher Familienvater zu werden. **Frauen** sind so die **bestimmende Kraft in seinem Leben**: von der Mutter über die Gutsfrau und deren Töchterlein bis zu Nettchen. Seine eigene Haupttriebkraft ist seine unbedingte **Bereitschaft zur Liebe** und seine gutmütige Aufrichtigkeit, was die Frauen dazu bringt, nicht mehr von ihm lassen zu können. Seine Hauptfähigkeit besteht darin, sich den Erwartungen seiner Umgebung voll anzupassen, ihr abzulauschen, was sie von ihm denkt, und dieses Bild weiter auszuarbeiten „nach seinem eigenem Geschmacke" (HL 18,40 / R 27,3). Er tut dies ohne andere Absicht, als gefallen zu wollen, bleibt aber immer eher zurückhaltend und schweigsam. Sein Bewusstsein für Recht und Unrecht ist so stark, dass er eher bereit ist zu sterben denn als Betrüger dazustehen. Diese Hauptzüge

Bereitschaft zur Anpassung

Der Schneidergeselle Wenzel macht Eindruck. Szene aus der Verfilmung von Helmut Käutner (1940)
© Cinetext

seines Charakters entsprechen gemäß den Klischees der Geschlechterrollen seiner Zeit eher weiblichen Qualitäten. Sie bilden aber die Hauptvoraussetzungen zu seiner Bewährung als Mann zum Schluss der Geschichte.

Nettchen

Nettchen ist das einzige Kind ihrer früh verstorbenen Mutter. Sie entwickelt ihrem Vater, dem Amtsmann, gegenüber schon als Schulkind eigene Vorstellungen über einen künftigen Ehemann fremder Herkunft und schlägt später alle ihm passenden „inländischen wohlmeinenden Anträge" (HL 21,12–13 / R 30,24–25) aus, sie kritisiert diese „Herren Wildfänge von Goldach (HL 13,29 / R 19,7–8) für ihren Mangel an Zurückhaltung und Ehrerbietung. Sie ist hübsch, liebt auffällige modische Kleidung und reichlichen Schmuck und hat sowohl die Geltungssucht einer Kleinstädterin wie deren **Hang zu romantischer Exotik**. Im Unterschied zu Strapinski ist sie sehr beredt, weiß sie doch jeweils „stundenlang über gesellschaftliche Verstöße zu plaudern" (HL 14,14–15 / R 20,9–10). In ebenfalls deutlichem Unterschied zu ihm beweist sie in entscheidenden Situationen große Tatkraft: Sie fällt ihm um den Hals, als er vom Ball weggehen will, sie sucht ihn nach seiner Demaskierung im Wald auf, sie rettet ihn vor dem drohenden Erfrierungstod, sie bringt ihn ins Bauernhaus am Waldrand und dort das einzige Mal zu längerem Reden, sie wendet ihn von seinen romantischen Träumen ab, und sie bestimmt schließlich ihre gemeinsame Zukunft in Seldwyla. Diese Verhal-

Beweist Tatkraft

tensweisen entsprechen gemäß den Klischees der Geschlechterrollen ihrer Zeit eher männlichen Qualitäten. Sie verbindet diese mit großer Empfindsamkeit, Einfühlungsgabe und Gefühlssicherheit und bewährt sich aufgrund all dieser Qualitäten zum Schluss der Geschichte als Ehefrau und vielfache Mutter.

Mutter Strapinski †

Kann Sohn nicht loslassen

Wenzels Mutter, früh verwitwet, stammt aus einfacheren Verhältnissen, hat aber im Ungang mit Adligen „eine feinere Art bekommen" (HL 33,3–4 / R 48,11) und achtet bei sich und ihrem Sohn auf zierlichere und gesuchtere Kleidung als im Dorf üblich. Sie möchte, dass Wenzel gesellschaftlich aufsteigt, hängt aber so sehr an ihm, dass sie ihn nicht loslassen kann. Wenzel lässt sich von ihr gefühlsmäßig so sehr bestimmen, dass sie mit ihrem Weinen zwei wesentliche Wendungen in seinem Leben erreicht: seinen Verzicht auf den gesellschaftlichen Aufstieg und seine Bereitschaft, gegen den eigenen Willen eine Schneiderlehre zu machen.

Vater Amtsrat

Muss sich Nettchens Willen beugen

Der Amtsrat, früh verwitwet, ist wohlhabend, geht aber mit seinem Reichtum großzügig um und liebt einfache Vergnügungen. Er lässt seiner Tochter größere Freiheiten, obwohl er ihre Vorstellungen nicht teilt. Er muss sich zweimal ihrem Willen beugen: freiwillig, als er in ihre Verlobung einwilligt, unfreiwillig, als er sie nach Seldwyla ziehen und den entlarvten Strapinski heiraten lassen muss. Er zeigt seine Ablehnung im ersten Fall durch ihre abschätzige Bezeichnung als „törichte(s) Mädchen()" (HL 21,8–9 / R 30,20) bzw. „Gans" (HL 21,19 / R 30,32) und durch seine Abwesenheit bei der Verlobungsfeier, im anderen Fall durch alle Mittel bis hin zum Aufgebot einer bewaffneten Truppe. Nettchen setzt sich durch, und er muss ihr im Weiteren insoweit Recht geben, als er sich mit dem erfolgreichen Strapinski nicht nur versöhnt, sondern auf „gute Spekulationen“ (HL 39,25 / R 58,3) einlässt.

Der Seldwyler Schneidermeister

Rivale des Schneiders

Der frühere Meister gehört zu jenen Seldwylern, von denen das Vorwort zum zweiten Teil der „Leute von Seldwyla“ sagt, ihre Konkurse sähen jetzt aus wie „anständig besprochene Schicksalswendungen“ und „Wiederaufrichtungen“, so dass „nur selten (...) noch einer vom Schauplatze abtreten“ (HL 41,19–22 / R 61,11–14) müsse. Er hat von seinem Konkurs profitiert, um Strapinski ohne Lohn zu entlassen, wirft diesem aber nun anlässlich des Maskenspiels zur Demaskierung vor, er sei ihm „aus der Arbeit gelaufen (...) wegen einer kleinen Geschäftsschwankung“ (HL 25,27–28 / R 37,8–9). Seine heimliche Rivalität und offene Missgunst zeigt er darin, dass er ihn als „sanften Schneidergesellen“ hinstellt, „der wie ein Raphael aussieht und unsern Dienstmägden, auch der Pfarrerstochter so wohl gefiel, die freilich ein bisschen übergeschnappt ist!“ (HL 25,35–37 / R 37,17–20)

Melchior Böhni

Zweiter Rivale

Als Buchhalter „einer großen Spinnerei“ (HL 9,25 / R 13,1), in einem der dynamischsten Industriezweige der Zeit also, gehört Böhni zu den besseren Bürgern von Goldach und wäre in den Augen des Amtsrats die beste Partie für Nettchen. Böhni hat mit den Goldachern Bürgern eine gewisse Bedachtsamkeit gemein, sticht aber durch seine wachsame Klugheit hervor. Er durchschaut Strapinski als Erster und freut sich auf den Skandal, ist ihm aber zunächst wohlgesinnt, weil er auch Strapinskis Bescheidenheit und Harmlosigkeit erkennt. Erst als dessen Verlobung mit Nettchen ansteht, verbündet sich Böhni mit den Seldwylern, um ihn zu Fall zu bringen. Er will Nettchen gleich als Retter beistehen, wird von ihr aber nicht beachtet. Deshalb verbündet er sich nun mit dem Amtsrat und führt gar eine bewaffnete Truppe gegen die Seldwyler an, muss aber an Nettchens Entschlossenheit und Umsicht scheitern. Böhnis Pferdeschlitten bei der Verlobungsfeier heißt „Teich Bethesda“. Böhni sieht sich als jenen Kranken, der 38 Jahre darauf gewartet hat, in den heilenden Teich zu tauchen und dann von Jesus ohne Teichbad geheilt wird, vom Letzten also zum Ersten wird. Für ihn taucht aber kein Jesus auf, so dass für ihn gültig bleibt, worüber der Kranke in der Bibel vor seiner Heilung klagt: „(…) und wann ich komme, so steigt ein Anderer vor mir hinein.“ (Joh. 5,7)

Die Initianten

Der Kutscher und die Wirtsleute initiieren den Auftritt Strapinskis als Grafen.

Der Kutscher

Zufallsbegegnung

Der Kutscher begegnet Strapinski aus Zufall, weil er beim Anstieg auf eine Anhöhe zu Fuß gehen muss. Nur dadurch und durch den einsetzenden Regen wird er veranlasst, Strapinski zum Mitfahren einzuladen. Als er in Goldach sieht, wie Strapinski von den Wirtsleuten empfangen wird und ohne Dank an ihn verschwindet, gibt er ihn als Grafen Strapinski aus und hinterlässt ihm auch die Kosten für seine Verköstigung und jene der Pferde.

Die Wirtsleute

Tischt nur das Beste auf

Um der „Ehre“ (HL 5,37 / R 7,12) willen und in ausdrücklicher Absetzung „von den Wirten zu Seldwyl, die alles Gute selber fressen und den Fremden nur die Knochen vorsetzen“ (HL 5,41–42 / R 7,17–18), will der Wirt Strapinski nur das Beste auftischen und kann dann zusammen mit der Köchin jedes Verhalten Strapinskis nur noch als Zeichen der Vornehmheit deuten: seine Zurückhaltung und Unentschiedenheit ebenso wie seinen großen Appetit und Durst.

Die rivalisierenden Nachbarstädte

Die Nachbarstädte gleichen sich im kleinstädtischen Bemühen um größtmögliche Abgrenzung voneinander.

Goldach

„Mehr schlau als vernagelt"

Von Goldach ist schon zu Beginn als von „einer kleinen, reichen Stadt" (HL 3,2–3 / R 3,3) die Rede, und die Goldacher, „umsichtige Geschäftsmänner, mehr schlau als vernagelt" (HL 16,4 / R 22,27–28), bemühen sich, dies und ihre damit verbundene Wichtigkeit auch deutlich zu demonstrieren: der Wirt durch übermäßiges Bewirten des Gastes, die Notabeln durch zur Schau getragene Geschäftsverbindungen mit aller Welt, der Amtsmann durch seine großzügige Gastfreundschaft, seine Tochter Nettchen durch ihre auffällige modische Kleidung und ihre Beredtsamkeit. Durch Sinnbilder an den Häusern verweist das Städtchen auf seine lange Geschichte, vom Mittelalter über die Zeit der Aufklärung bis zur Gegenwart der Geschäftsleute. Strapinski lässt sich von diesen Sinnbildern ebenso täuschen wie die Goldacher von seiner äußeren Erscheinung als Graf. Was einzig nicht täuscht, ist das Jammerbild des Schuldenschreibers, „da in dieser Stadt keiner dem andern etwas schuldig blieb." (HL 17,14–15 / R 24,23–24)

Seldwyla

Ruf als leichtsinnige Leute

Bei ihrem Maskenzug zur Demaskierung des falschen Grafen bleiben „die lustigen Seldwyler" (HL 24,14–15 / R 35,11–12) ihrem Ruf als leichtsinnige Leute treu, von deren Auftritt im Tanzsaal die ernsthafteren Goldacher sich „einen tüchtigen Spaß" (HL 24,15 / R 35,12) versprechen. Dieser besteht jedoch darin, Strapinski nicht nur als falschen Grafen, sondern auch als arbeitslosen Schneidergesellen erbarmungslosem Spott preiszugeben. Ihr Absingen eines „diabolischen Lachchors“ (HL 26,1–2 / R 37,29) und der „tolle Zug“ (HL 27,39 / R 40,23) ihrer Heimfahrt erinnern an das „entsetzliche Geschrei und Gelächter“[58] und „das rauschende Vergnügen“[59], mit dem sie einst zwei der drei „gerechten Kammacher“ in den Tod bzw. den Wahnsinn getrieben haben. Als Strapinski aber, von Nettchen zum Weiterleben erweckt, mit dieser in Seldwyla erscheint, vermögen sie sich dank ihres flatterhaften Wesens über die „köstliche Geschichte“ (HL 36,13–14 / R 53,5–6) der Entführung zu freuen, nehmen angesichts des großen Vermögens, das mit Nettchen „vielleicht nach Seldwyla käme“ (HL 38,2 / R 55,26–27) für das Paar Partei und sind bereit, es gegen die Goldacher zu verteidigen wie die Trojaner Helena und Paris gegen die Griechen. Doch mit Strapinski sehen sie sich um den erhofften leichten Gewinn betrogen, denn er zwingt sie in Goldacher Art, ihm nichts schuldig zu bleiben, und lässt bei seinem Wegzug in die Nachbarstadt kein bisschen Geld bei ihnen zurück.

---

58 Keller, *Die drei gerechten Kammacher*, S. 228.
59 Ebd., S. 229.

3.5 Sachliche und sprachliche Erläuterungen

In den folgenden Erläuterungen bezieht sich die erste Seiten- und Zeilenzahl jeweils auf die Ausgabe der Hamburger Lesehefte Nr. 3 (HL), die zweite auf die Reclam Taschenbuchausgabe Nr. 7470 (R).

HL 1 / R 1	**Kleider machen Leute**	Sprichwörtliche Redensart aus Friedrich Logaus *Sinngedichten* (1654): „Kleider machen Leute! Trifft es richtig ein, / werdet ihr, die Schneider, Gottes Pfuscher sein." Aus dem Lateinischen überliefert durch Erasmus von Rotterdam (Adagia 3,1,60): „vestis virum reddit", ‚Die Kleidung ergibt den Mann'.
HL 3,2 / R 3,3	**Goldach**	Sprechender Name einer „kleinen reichen Stadt (HL 3,2–3, R 3,3), aus „Gold" für ‚Reichtum' und mhd. „-ach" = ‚Fluss'. Gegensatz zu Seldwyla, das nicht an einem Fluss liegt.
HL 3,3 / R 3,4	**Seldwyla**	Sprechender Name für einen glücklichen Ort, von mhd. „saelde" = ‚Glück', und schweiz. „wyla" = ‚Weiler', ‚kleine Ortschaft'.
HL 3,8 / R 3,10	**Falliment**	Gehobener Ausdruck für ‚Bankrott', ‚Konkurs'
HL 3,13 / R 3,16	**Fechten**	‚Betteln' in der Soldaten- und Handwerkersprache
HL 3,16 / R 3,20	**Radmantel**	Weiter Mantel in radförmigem Schnitt, wie ihn auch der junge Keller trug.
HL 3,21 / R 3, 25	**Habitus**	Gesamterscheinungsbild einer Person nach Aussehen und Verhalten
HL 4,12 / R 4,35	**Schlag**	Tür einer Kutsche

HL 4,40 / R 5,25	**Abendherren**	Stammgäste zum Abendessen
HL 5,28 / R 7,2	**sonach**	folglich
HL 5,32 / R 7,6	**Zuckerbeck**	südd. und schweiz. für ‚Zuckerbäcker'
HL 6,3 / R 7,22	**Zeuge**	Tischdecke
HL 6,7 / R 7,28	**Ausweg**	Ausgang, aber auch rettende Lösung
HL 6,10–11 / R 7,32	**eine gewisse Bequemlichkeit**	die Toilette
HL 6,30 / R 8,22	**umgehend**	herumgeisternd, spukend
HL 7,2 / R 9,6	**Blödigkeit**	Schüchternheit
HL 7,16 / R 9,23	**Bordeaux**	Qualitätsrotwein aus dem Südwesten Frankreichs in der Region der Stadt Bordeaux
HL 7,33 / R 10,6	**genugsam**	hier: ‚lange genug'
HL 7,42 / R 10,18	**weil**	derweilen, solange
HL 7,43 / R 10,20	**leichtlich**	wahrscheinlich, wohl
HL 8,9 / R 10,31	**Ränzchen**	Bäuchlein. Mit „vollpacken" Anspielung auf die ursprüngliche Bedeutung ‚Rucksäckchen'.
HL 8,14 / R 11,2	**geflüchtet**	gerettet
HL 8,19 / R 11,8	**gemeiner Kerl**	gewöhnlicher Mensch

HL 8,23 / R 11,12–13	**Kapitelsherren**	Vornehme Amtspersonen der Kirche, die für ihr Wohlleben bekannt sind.
HL 8,33 / R 11,26	**Strapinski**	Von Keller erfundener Name mit mehreren Anklängen: a) an Julian Saminski, den Polen, der 1864 in der Schweiz als russischer Spion entlarvt wird (vgl. oben 3.1), b) an bayr. „strappeln" = ‚zappeln', c) an „stappeln" = ‚wiederholt unterbrochenes Gehen' in der Gaunersprache, d) an das davon abgeleitete „hochstapeln" = ‚betrügen'.
HL 8,40 / R 11,34	**Eulenspiegelei**	Schelmenstreich (von Till Eulenspiegel, Schelm aus dem 14./15. Jh.)
HL 8,43 / R 12,3–4	**aufs Kerbholz gebracht**	angerechnet
HL 9,2 / R 12,6	**Wenzel**	slaw. Name, bedeutet ursprünglich ‚der Ruhmreiche', aber der Ruhm beruht auf dem Leiden als Märtyrer (vgl. HL 3,34 / R 4,9). Im Deutschen oft Bezeichnung für ‚Diener', ‚Knecht' (vgl. „scharwenzeln" = ‚liebedienern'), aber auch für die Trumpfkarte im Spiel. Der Name verweist so auf alle Hochs und Tiefs in Strapinskis Geschichte.
HL 9,3 / R 12,8	**Wanderbuch**	Buch der wandernden Handwerksgesellen mit Führungszeugnissen der Meister und Behörden. Gleichbedeutend mit Ausweis, Lebenslauf und Leistungsnachweis steht es für die Identität, die Strapinski nun abhanden gekommen ist.
HL 9,13 / R 12,20	**Tokaier**	süßer ungarischer Rotwein
HL 9,13–14 / R 12,21	**Bocksbeutel**	fränkischer Weißwein
HL 9,18 / R 12,27	**zierlich**	fein, wohlerzogen, gesittet

HL 9,24 / R 12,34	**und Cie.**	schweiz., sonst veraltet, für „& Co."
HL 9,24–25 / R 12,35	**Pütschli-Nievergelt**	Sprechender Name: „Pütschli" von schweiz. „bütsch" oder „putsch" = ‚heftiger Stoß', ‚Zusammenprall', ‚Knall'. „Nievergelt" von „nie vergelten" = ‚nie zurückzahlen' und ‚nie heimzahlen'.
HL 9,26 / R 13,1	**Melchior Melcher**	hebr. ‚Gott ist König des Lichts', spielt auf den göttlichen Durchblick an, den Böhni sich anmaßt und an dem er scheitert. Das schweiz. „Melcher" erinnnert an ‚Melker', und „melken" heißt auch ‚j-m Vermögen entziehen', ‚j-n ausbeuten'.
HL 9,26 / R 13,1	**Böhni**	Der schweizerische Name erinnert sowohl an „Bohne", die auch ‚etwas Wertloses" oder ‚Ziegenkot' heißt, wie an „Bö(h)nhase" = ‚Pfuscher', ‚Stümper', ‚unbefugter Mäkler' und ‚einer, der in eine fremde Ehe pfuscht'.
HL 9,29 / R 13,5	**Stockzähne**	Backenzähne, verweisen auf heimliches Lächeln
HL 9,34 / R 13,12	**Kontorstuhl Comptoirstuhl**	Bürostuhl schweiz. aus fr. „comptoir" = ‚Büro eines Kaufmanns'
HL 10,1–2 / R 13,25	**Polacke**	poln. „Polak" = ‚Pole', im Deutschen abwertend gebraucht.
HL 10,9 / R 13,33	**Smyrna**	Hafenstadt Izmir in der Türkei, wichtig für die Ausfuhr des orientalischen Tabaks nach Europa.
HL 10,13 / R 14,4–5	**Zigarrenbengel**	Zigarrenknüppel
HL 10,15 / R 14,6–7	**Pflanzerzigarre**	Beste Zigarre, die die Tabakpflanzer selbst rauchen.
HL 10,15 / R 14,7	**Virginien**	US-Bundesstaat Virginia, bekannt für den Tabakanbau.

HL 10,25 / R 14,19	**Sauser**	schweiz. für ‚neuer Wein', d. h. süß und in Gärung begriffen
HL 10,27 / R 14,21–22	**Eisenschimmel**	schwarz-weiß gefleckter Schimmel mit überwiegenden Grautönen
HL 10,31 / R 14,26	**Witz**	Verstand, Scharfsinn
HL 10,39 / R 15,2	**Husaren**	berittene Soldaten
HL 10,40 / R 15,3	**genugsam**	hier: ‚ausreichend'
HL 11,5 / R 15,12–13	**anprallen**	Reiter- und Kutschersprache für ‚unvermitteltes Anhalten der Pferde'
HL 11,8 / 15,16	**karneolfarben**	hell- bis blutrot
HL 11,28 / R 16,6	**angelegentlicher**	nachdrücklicher, eifriger
HL 11,38 / R 16,19	**Junker**	junger Adliger oder Landadliger
HL 11,41 / R 16,23	**Putsch**	schweiz. ‚heftiger Stoß', ‚Zusammenprall', ‚Knall'. Seit dem 16. Jahrhundert auch: ‚plötzlicher Vorstoß, Anlauf gegen ein Hindernis, zu einem Unternehmen'. Ein Zug der Freiämter am 6. 12. 1830 gegen Aarau wird unter dem Namen „Freiämter Putsch" bekannt. Die weiteren Volksaufläufe der 1830er Jahre werden ebenfalls „Putsch" genannt, so auch der konservative „Züriputsch" 1839. Hier wohl vor allem im Sinn von ‚Aufruhr' zu verstehen.
HL 12,1 / R 16,27	**Praga und Ostrolenka**	Zweimalige letztlich erfolglose Kämpfe der Polen gegen die russische Herrschaft: 1794 in Praga, einer östlichen Vorstadt von Warschau, 1831 in Orstolenka, im Nordosten Polens.

HL 12,4 / R 16,30	**gebüßt**	befriedigt
HL 12,8 / R 16,35	**Hasardspiel**	Glücksspiel
HL 12,9 / R 17,1–2	**Brabantertaler**	Taler aus der belgischen Provinz Brabant, international im Umlauf
HL 12,24 / R 17,20	**Louisdor**	französisches Goldstück
HL 12,37 / R 18,1	**artig**	anständig, hübsch im Sinn von ‚ordentlich', ‚ansehnlich'
HL 13,13 / R 18,24	**stutzerhaft**	auffällig, modisch
HL 13,38-39 / R 19, 19–21	**Schneider-blütchen**	das aufgeregte und/oder aufblühende Schneiderherz, da „Blütchen" von „Blut" oder von „Blüte" stammen kann
HL 14,25 / R 20,22	**pferchen**	den Pferch, also Mist, von sich geben
HL 14,26 / R 20,23	**von der Dresna bis zur Weich-sel**	Zwei Flüsse, die das damalige Kernpolen eingrenzen, die Dresna im Osten (heute Weißrussland und Ukraine), die Weichsel im Westen (heute Ost- und Zentralpolen).
HL 14,30 / R 20,27	**Wolhynien**	auch Wolynien, damaliges Kernpolen, heu-te im Nordwesten der Ukraine
HL 14,34 / R 20,32	**das Nationale**	romantisches Klischee über das, was einem Volk eigentümlich ist
HL 15,16 / R 21,24–25	**Bartwichse**	Bartwachs zur Formung und Festigung von Spitz- und Schnauzbart
HL 15,19 / R 21,29	**einen Expressen**	einen Eilboten
HL 16,36 / R 23,31	**Schultheiße**	Gemeindevorsteher
HL 16,37 / R 23,32	**Harnisch**	Ritterrüstung

HL 16,38 / R 23,33	**Schweizer-degen**	klassische alteidgenössische Griffwaffe für den Kampf im Handgemenge mit zueinander gebogener, sichelförmiger Knauf- und Parierstange sowie einer zweischneidigen, spitz zulaufend oder parallel geschmiedeten Klinge mit geschliffener Spitze
HL 16,38 / R 23,34	**Büchsenstein**	Schleuderstein, Geschützkugel
HL 16,41 / R 24,2	**Kämbel**	mhd. ‚Kamel'
HL 16,42 / R 24,3–4	**Philanthropie**	Strömung im 18. Jh. zur Förderung der allgemeinen Menschenfreundschaft (Brüderlichkeit) in der Erziehung
HL 17,20 / R 24,30	**Camelia**	Kamelie, winterfeste Zierpflanze
HL 17,22 / R 24,32	**Weibergut**	Vermögen, das die Frau in die Ehe mitbringt
HL 17,38 / R 25,16–17	**moralisches Utopien**	moralisch idealer Ort
HL 18,8 / R 25,33	**Jüngling am Scheideweg**	Herkules muss sich zwischen zwei Wegen entscheiden: dem bequemen der Lust und dem mühevollen der Tugend. Er geht den letzteren, Strapinski den ersteren.
HL 18,9 / R 25,34	**Kreuzstraße**	Straße der Kreuzung und der Kreuzigung
HL 18,18 / R 26,11	**blauem Schleier**	Blau steht sowohl für Treue und Beständigkeit wie für Trauer, Unheil und Lüge. Der Schleier steht für Verhüllung und Enthüllung und soll Unheil abwehren.
HL 19,24 / R 28,2	**Kollekteur**	reisender Vertreter der Lotterie für Ein- und Auszahlungen
HL 20,24 / R 29,20	**famos**	wohlbekannt, berüchtigt

HL 20,41–42 / R 30,7–8	**wie mit schwarzen Adlerflügeln**	Erinnert an das Wappentier Polens. Die Anspielung verstärkt die Ironie der Bemerkung, das Bild scheine „seine Berechtigung ganz allein in sich selbst zu tragen" (HL 20,42–43 / R 8–9)
HL 21,20 / R 30,34	**Polackei**	Polen, übliche Ableitung von „Polacke" (vgl. HL 10,1–2 / R 13,25)
HL 21,30 / R 31,11	**zeitlich**	gegenwärtig, zeitlich begrenzt, vergänglich
HL 22,9–10 / R 32,4	**verbrämt**	an den Rändern versehen und verziert
HL 22,15 / R 32,11	**Fortuna**	Römische Göttin des Schicksals im guten und schlechten Sinn, also des wechselhaften Glücks oder Unglücks, das sich allen Berechnungen der Menschen entzieht.
HL 22,20 / R 32,18	**Galions**	kunstvoll gestaltete Vorbauten am Bug eines Schiffes
HL 22,24 / R 32,23	**Jakobsbrunnen**	In der Bibel (1. Mose, 29) geht Jakob auf der Flucht vor seinem Bruder Esau ins Land seines Onkels Laban, begegnet dort an einem Brunnen dessen Tochter Rahel und verliebt sich in sie, muss aber zweimal sieben Jahre bei Laban dienen, bis er sie heiraten kann.
HL 22,24–25 / R 32,23	**der Teich Bethesda**	In der Bibel (Joh. 4, 5) heilt Jesus am Teich Bethesda bei Jerusalem einen Kranken, der erzählt, er habe 38 Jahre darauf gewartet, ein heilendes Bad zu nehmen, und anfügt: „(…) und wann ich komme, so steigt ein Anderer vor mir hinein." (Joh. 5,7)
HL 22,29 / R 32,29	**Geschwader**	größerer Verband von Kriegsschiffen

HL 23,2 / R 33,14	**Ziegenbock**	Der Ziegenbock ist das Symbol und Wappentier der Schneider. Er ist seit der Antike Zeichen des Schreckens und des Schutzes, des Jägers und des Gejagten, heißt griech. „tragos", ist also Zeichen tragischen Schicksals, aber auch tragischer Schuld (Sündenbock).
HL 23,22 / R 34,4	**ethnographisch**	völkerkundlich
HL 23,28 / R 34,10	**Prälaten**	höhere kirchliche Amtsträger
HL 23,28 / R 34,11	**Stiftsdamen**	adlige Klosterfrauen
HL 23,28 / R 34,11	**Gravität**	Würde
HL 24,31 / R 35,30	**Werg**	Fasern aus Hanf- und Flachsabfällen
HL 24,32 / R 35,32	**Carbonarimantel**	Mantel der Mitglieder des italienischen liberalen Geheimbundes der „Carbonari" (= Köhler) im 19. Jh. mit einem weiten Umhang wie der Radmantel Strapinskis
HL 25,27 / R 37,7–8	**Wasserpolacke**	zunächst polnische Flößer auf der Oder, dann allgemein abwertend für schlesische Polen
HL 25,35 / R 37,17	**Raphael**	Erzengel am Thron Gottes, Schutzengel der Reisenden, gekleidet wie diese
HL 26,3 / R 37,31	**Mirakel**	wunderbare Begebenheit, zugleich Schauspiel aus dem Mittelalter
HL 26,38 / R 39,4	**infam**	verrufen, ehrlos, schändlich
HL 27,3 / R 39,14	**Torheit der Welt**	„Denn dieser Welt Weisheit ist Torheit bei Gott." (1. Kor. 3,19)
HL 27,12 / R 39,23	**Pfründe**	Kirchenamt und damit verbundene Einkünfte

HL 28,14 / R 41,11	**Schnäuz Schneuz**	schweiz. Wortneubildung Kellers, deren ernüchternde Wirkung spätere Kritiker als unpoetisch und deshalb unstatthaft kritisieren (vgl. bei R. Selbmann: *Erläuterungen*, S. 74 f.)
HL 30,30 / R 44,27–28	**Zinsherr**	Grundbesitzer, der auf die Pacht Zins verlangt
HL 30,41 / R 45,6	**Frau Gevatterin**	Anrede für eine Frau, mit der man familiär oder freundschaftlich verbunden ist
HL 33,14 / R 48,24	**Residenz**	Hauptstadt mit Sitz der Regierung
HL 33,26 / R 49,4	**Vorstellungen**	Einwände
HL 34,15 / R 50,8	**spitzig**	mit verstecktem Tadel oder Spott
HL 35,19 / R 51,31	**kokett**	bestrebt, Aufmerksamkeit und Gefallen zu erregen
HL 35,20 / R 51,33	**Handel**	Angelegenheit, Streitfall
HL 35,30 / R 52,8	**blöde**	schwach, scheu, unerfahren, verzagt
HL 35,40 / R 52,21	**Romane**	hier: Erdichtungen, romantisch-sentimentaler Art
HL 36,7–8 / R 52,33–34	**des Menschen Wille ist sein Himmelreich**	das Glück des Menschen besteht darin, seinem Willen zu folgen bzw. diesen durchzusetzen
HL 36,39 / R 54,1	**desperat**	verzweifelt, hoffnungslos
HL 38,17 / R 56,10	**ein neues Troja**	Der Brautraub der Griechin Helena durch den Trojaner Paris führt zur zehnjährigen Belagerung und schließlichen Zerstörung Trojas durch die Griechen. Keller knüpft so an Homers *Ilias* und an die diese begründenden Brautraub-Mythen an.

HL 38,19 / R 56,12–13	**Spann-schraube**	Schraube zum Spannen des Trommelfells
HL 39,5 / R 57,12–13	**Katzenköpfen**	südd., schweiz. ‚kleines Geschütz', ‚Böller zum Freuden- und Salutschießen'
HL 39,9 / R 57,17	**Marchand-Tailleur**	Schneider, der Tuch- und Kleiderhandel betreibt. Wird erst mit der Aufhebung der Zunftordnung und Einführung der Gewerbefreiheit möglich.
HL 39,15 / R 57,25	**veilchenfarbig**	Die Farbe des Veilchens ist im Gegensatz zur Eitelkeit der Seldwyler ein Zeichen der Demut und wird deshalb von Kirchenleuten getragen. Homer bezeichnet bestimmte Farbtöne des Meers als „veilchenfarben".
HL 39,15–16 / R 57,25–26	**weiß und blau gewürfelt**	Die Kombination von Weiß und Blau verweist auf die Farben des Zürcher Wappens. Keller macht hier also den einzigen versteckte Hinweis auf die Nähe Seldwylas (und Goldachs) zu seiner Heimatstadt. Zugleich setzt er die mit „veilchenfarben" begonnene Anspielung aufs Meer fort: Im Flaggenalphabet der Marine, das Frederick Marryat 1817 einführte und das 1854 zum universalen Flaggen-Kode der Schifffahrt erklärt wurde, steht die weiß-blau gewürfelte Flagge für „N", d. h. „Nein" und: „Abbruch des Wettkampfs". Wie mit der Veilchenfarbe tun die Seldwyler auch hier mit ihrer Aufmachung das Gegenteil ihres Stolzes kund.
HL 39,28 / R 58,6	**Strapinska**	Die slawische Verweiblichung des Namens ihres Mannes zeigt, dass das zuvor selbstbestimmte Nettchen nun mit Selbstverständlichkeit den Namen ihres erfolgreichen Mannes übernommen hat und sich mit der Rolle der abhängigen Ehefrau begnügt. Sprachlich hat sich nicht Strapinski der Goldacherin assimiliert, sondern sie sich ihm.

HL 39,30 / R 58,9	**Stüber**	Münze von geringem Wert, die ursprünglich aus Holland und Nordwestdeutschland stammt.

3.6 Stil und Sprache

ZUSAMMEN-FASSUNG

- → Dem Stilprinzip des Realismus entsprechend ist die Sprache der Novelle einfach, klar und natürlich.
- → Dem Bemühen um poetische Überhöhung entspringen die bildhafte Anschaulichkeit und die anspielungsreiche Mehrdeutigkeit.

„einfach, klar und natürlich"

Realismus

Keller folgt in *Kleider machen Leute* dem Stilprinzip des Realismus, das er in seinen Gotthelf-Rezensionen schon 1849–55 vertritt, nämlich eine „gereinigte Sprache"[60] anzustreben und zu diesem Zweck **„einfach, klar und natürlich"**[61] zu schreiben.

Eine Art „Unschärferelation"

Bildhaftigkeit

Seine Sprache zeigt die Dinge aber nicht einfach nur, wie sie sind, sondern rückt sie bei aller Klarheit und Genauigkeit durch **bildhafte Anschaulichkeit und Mehrdeutigkeit** in eine poetische Schwebe, eine Art „Unschärferelation"[62]. Ernst Bloch charakterisiert diesen besonderen Reiz der Sprache Kellers folgendermaßen:

> „(…) die Sätze fesseln, weil sie unablässig bildern. Und diese Bilder, samt der Wortwahl zu ihren Gunsten, halten desto beglückender auf, als sie unerwartet sind, nämlich frisch wie ein erster Blick. (…) Kellers Sprache ist so genau wie kaum sonst

---

60 Keller, *Jeremias Gotthelf* [IV 1855], S. 121.
61 Ebd. [II 1851], S. 83.
62 Peter Villwok: *Kommentar*, in: Gottfried Keller (2005), S. 159.

eine dem Vorgang, den Dingen auf den Leib geschrieben. Hierbei freilich bleibt seltsam: Das so Beschriebene erscheint völlig blank und doch bald schlicht, bald üppig geschmückt."[63]

Welcher stilistischen Mittel Keller sich hierbei bedient, sei an je einem Beispiel gezeigt:

FORM	BEISPIEL	BILD, ANSPIELUNG
Verb	„er sah noch weniger ab, wo das geringste Mittagsbrot **herwachsen** sollte" (HL 3,12–13 / R 3,15–16)	Das Mittagsbrot scheint ein natürliches Eigenleben und eine unbeeinflussbare Bewegung zu haben, so wird sein Ausblieben umso schmerzlicher.
Adjektiv	„welch ein Kern sich aus so **unerhörter** Schale enthülsen würde" (HL 4,14–15 / R 5,2–3)	Die „Schale", der „prächtige Wagen", fällt in Goldach aus dem Rahmen, ist außerordentlich und erstaunlich, aber „unerhört", verweist auch auf Goethes Novellendefinition.
Adverb	„‚Ei der Tausend, ja, ja!', rief die Köchin **endlich etwas** aufgeregt" (HL 5,11–12 / R 6,16–17)	„Endlich" verweist auf die Spannung im Dialog zwischen Wirt und Köchin, „etwas" relativiert diese Spannung gleich wieder.
Substantiv	„Also ging der **Mantelträger** ohne Widerspruch" (HL 6,15 / R 8,3)	Strapinskis Schicksal geht auf seinen Mantel zurück, er erscheint deshalb als dessen bloßer Träger. Er hat den Mantel nun umgelegt, um seinem Schicksal zu entgehen. Umso komischer wirkt, dass er im Mantel auf die Toilette gehen muss.

63 Ernst Bloch: *Über ein Gleichnis Kellers*, zit. nach Gottfried Keller (2006), S. 54.

FORM	BEISPIEL	BILD, ANSPIELUNG
Satz	„Das glänzte, klingelte und duftete gar seltsam vor ihm, und was noch seltsamer war, der arme, aber zierliche Mann griff nicht ungeschickt in das Wäldchen hinein und goss, als er sah, dass der Wirt etwas Rotwein in seinen Champagner tat, einige Tropfen Tokaier in den seinigen." (HL 9,17–21 / R 12,25–30)	Der Eindruck einer Fülle von Getränken wird durch eine Reihung von Verben verdeutlicht, die drei Sinne ansprechen: Sehen, Hören und Riechen. „Seltsam" scheint das zunächst Strapinski vorzukommen, doch als „seltsamer" kündigt anschließend ein Nebensatz spannungsvoll an, was ein neu ansetzender Hauptsatz wie eine eben erfolgende Beobachtung von außen zeigt. „Nicht ungeschickt" ist dann eine Litotes, die ironisch mithören lässt, dass man das Gegenteil dessen erwartet hätte, was betont wird. Im Gefüge mit zwei ineinander verschränkten und in den Hauptsatz eingefügten Nebensätzen wird Strapinskis schnelle Reaktions-, Nachahmungs- und Lernfähigkeit durch den Satzbau sprachlich veranschaulicht.

Ironische Überhöhung

In Metaphern und Vergleichen werden Vorgänge und Personen nicht nur plastisch vor Augen geführt, sondern zugleich anspielungsreich auf ganz andere Bereiche bezogen und so **ironisch überhöht**:

FORM	BEISPIEL	ANSPIELUNG, BEREICH
Metapher	„also dass er der Märtyrer seines Mantels war" (HL 3,34 / R 4,9)	Religion
	„der Kellner, den der Teufel beständig umhertrieb" (HL 6,9–10 / R 7,31)	Sage
	„er betrat hiemit den abschüssigen Weg des Bösen" (HL 6,22–23 / R 8,12–13)	Moral
	„ein Fräulein beschritt den Schauplatz der Ereignisse" (HL 13,22–23 / R 18,34–35)	Theater
	„das Warenlager sah, das sich vor ihm ausbreitete" (HL 16,13 / R 23,3–4)	Handel
Vergleich	„melancholisch wie der umgehende Ahnherr eines Stammschlosses" (HL 6,30–31 / R 8,21–22)	Gespensterglauben
	„eine so hastig belebte Einfuhr, wie wenn bei aufsteigendem Gewitter das Heu von der nahen Wiese gleich auf der Gabel in die Scheune geflüchtet wird." (HL 8,12–14 / R 10,34–11,2)	Bauernwelt
	„wie ein kränkelnder Fürst, vor welchem die Hofleute ein angenehmes Schauspiel aufführen und den Lauf der Welt darstellen" (HL 11,22–24 / R 15,34–16,2)	Feudalismus
	„wie mit schwarzen Adlerflügeln" (HL 20,41–42 / R 30,7–8)	a) Polenwappen b) Macht
	„gleich einem steinernen ägyptischen Königspaar" (HL 26,11–12 / R 38,6)	Antike
	„als ob Seldwyla ein neues Troja werden sollte" (HL 38,17–18 / R 56,10–11)	Mythologie (Homer)

Nachahmung von Sprachregistern

Zur **ironischen Überhöhung** gehört auch die Nachahmung verschiedener Sprachregister:

BEISPIEL	WIRKUNG, FUNKTION
„Pütschli-Nievergelt, Sohn, **sandte nach** seinem Jagdwagen“ (HL 10,25–26 / R 14,20–21)	Das Verb aus der **höfischen Sprache** gibt der Handlung des neureichen Kleinstädters einen adligen Anstrich.
„erschien ihr **wahrhaft rührend, ja hinreißend**“ (HL 13,26–27 / R 19,4–5)	Die **preziöse Sprache** lässt den Eindruck Strapinskis auf Nettchen als Ergebnis mädchenhafter Schwärmerei erscheinen.
„ein **holdes Erröten**, einen **vollen Augenaufschlag**“ (HL 14,10–11 / R 20,3–4)	Die **Sprache der Trivialliteratur** zeigt, wie Nettchen sich nicht nur mit „drei oder vier Armbändern“ (HL 14,8 / R 19,35–20,1) schmückt, sondern auch mit einer Mimik, die sie aus Kitschromanen kennt.
„Nun war **der Geist in ihn gefahren**.“ (HL 18,31 / R 26,27)	Die **Bibelsprache** verweist auf die Wirkung einer höheren Gewalt, während es nur um Strapinskis Liebe zu Nettchen und seine Fähigkeit geht, sich den Erwartungen seiner Umwelt anzupassen und sie zu übertreffen.
„So **segelte denn das Geschwader** im Sonnenscheine dahin“ (HL 22,29 / R 32,29–30)	Die **Sprache der Kriegsmarine** überhöht den Schlittenzug und kündigt einen Konflikt an.
„bis zum **Austrag der Sache**“ (HL 37,39 / R 55,19)	Die sachlich knappe **Sprache der Jurisprudenz und der Bürokratie** unterstreicht die Abkehr von den „Romanen“ und die Einordnung Strapinskis und Nettchens in den bürgerlichen Alltag.

3.7 Interpretationsansätze

ZUSAMMENFASSUNG

Je nach Gesichtswinkel lassen sich fünf Interpretationsansätze zu *Kleider machen Leute* unterscheiden. Die Interpretation kann hauptsächlich ansetzen an:

- → der komplexen Persönlichkeit der zentralen Figur,
- → den Wendungen der Handlung,
- → den gesellschaftlichen Voraussetzungen,
- → den Bezügen auf die Zeitgeschichte,
- → der täuschenden Zeichenhaftigkeit der Dinge.

Die Persönlichkeit der zentralen Figur

Außenseiter

Auf novellistische Weise unerhört ist die Persönlichkeit des Wenzel Strapinski. Sowohl als arbeits- und mittelloser Schneider wie als allseits begehrter und bewunderter Graf, wie als entlarvter und verfemter Betrüger fällt er aus der Ordnung Goldachs und Seldwylas heraus, bis er gerade aufgrund dieses Außenseitertums Nettchen heiraten und sich in Seldwyla niederlassen kann. Wie „hier ein Charakter durch eine abenteuerliche Begebenheit in ein besonderes Licht gesetzt wird, wie hinter dem Schneider der Künstler und der Mensch sichtbar wird“[64], erscheint Benno von Wiese deshalb als eines der novellistisch hervorstechenden Merkmale von *Kleider machen Leute*.

Für diese Interpretation sprechen folgende Eigenschaften und Verhaltensweisen Strapinskis[65]:

---

64 Wiese, S. 86–87.
65 Alle Zitate und a) bis d) bei Wiese, S. 83.

a) „sein angeborenes Bedürfnis, etwas Zierliches und Außergewöhnliches vorzustellen“ (HL 19,9–10 / R 27,17–18), nach von Wiese also die Tatsache, dass er „den Schein um seiner selbst willen“ liebt, was sich „nur aus einer ästhetischen Grundhaltung verstehen“ lässt;
b) „seine Phantasie, seine Träumereien, seine Kindlichkeit, seine ganze etwas isolierte und einmalige Art, in die Welt hinauszuwandern und merkwürdige Dinge in ihr zu erleben“;
c) „sein Spiel mit der Liebe und mit dem Tod, seine Sehnsucht nach einem Augenblick der Größe und des Glückes“;
d) seine „Verführung durch eine Traumwelt (…), die ihm eine romantische Freiheit noch jenseits von Graf und Schneider schenkt, damit allerdings auch über Grenzen hinauslockt, die ihm mit seiner alltäglichen sozialen Existenz nun einmal definitiv gesetzt sind.“

Dieses „Künstlertum des Schneiders ist kein unbestrittener Wert mehr.“[66] Kellers Schneider „bleiben Entlarvung, Schande und Zusammenbruch nicht erspart“, und das Glück findet er am Ende nur „in bürgerlicher Ordnung und Sparsamkeit“[67]. Aber in ihrem Kern übergreift die Novelle „die Antithese: Künstler oder Bürger – Scheingraf oder armes Schneiderlein – entlarvter Graf oder wohlhabender Tuchherr – durch eine Darstellung des Menschlichen, die beide Bereiche durchdringt“[68], so dass die Liebe zwischen Nettchen und Strapinski „alle Masken überwindet und in der Liebe der reine, unzerstörbare Wert des Menschen ans Licht tritt.“[69]

---

66 Ebd., S. 84.
67 Ebd.
68 Ebd.
69 Ebd., S. 86.

Die Wendungen der Handlung

Parodie auf Goethes *Wilhelm Meister*

Der Bürger mit einer Neigung zum Künstlertum, der durch den ästhetischen Schein zu seinem wahren Sein findet, das ist das Grundmuster des klassischen Bildungsromans Goethes, *Wilhelm Meisters Lehrjahre.* Die Novelle Kellers liest sich wie eine Parodie auf dieses Bildungsmodell, folgt aber der Einsicht, die dem Lebensweg Wilhelm Meisters zu entnehmen ist, wonach „der Irrtum (...) nur durch das Irren geheilt werden"[70] kann.

WILHELM MEISTERS LEHRJAHRE	KLEIDER MACHEN LEUTE
Der Bürgersohn Wilhelm Meister möchte seine Natur harmonisch ausbilden, weiß aber, dass eine solche persönliche Ausbildung nur Adligen vorbehalten ist, während die Bürger, um im Dienst von Leistung und Besitz brauchbar zu werden, nur einzelne Fähigkeiten entwickeln können. Wilhelm sucht deshalb im Theater und seiner öffentlichen Wirkung als Schauspieler die Entfaltung seiner Person. Auf diesem Um- und Irrweg findet er schließlich zu jenen Fähigkeiten, die ihn zu einem ebenso erfüllten Individuum wie nützlichen Glied der Gesellschaft machen. Der Geheimbund der Turmgesellschaft beobachtet alle Irrungen Wilhelms und zieht erfolgreich geheime Fäden, um ihn zu sich kommen zu lassen.	Der Lehrersohn Wenzel Strapinski strebt in seinem Verhalten und seinem Äußeren die „feinere Art" (HL 33,3 / R 48,11) an, die seine Mutter ihm vorgelebt hat. Er ist aber, um sein Leben zu fristen, gezwungen, Schneider zu werden. Als er in Goldach die Gelegenheit erhält, den Grafen zu spielen, gelingt es ihm bestens, sich „zu einem Neuen und Fremdartigen" (HL 18,36–37 / R 26,31) umzubilden. Dank diesem Um- und Irrweg eröffnen sich Nettchen seine wahren Qualitäten, und mit ihrer Hilfe gelingt es ihm, sich als nützliches Glied der Gesellschaft so weit zu entfalten, dass er „ein angesehener Mann" (HL 39,29 / R 58,8) wird. Melchior Böhni beobachtet alle Irrungen Strapinskis und zieht erfolglos geheime Fäden, um ihn auf seine Schneiderexistenz zurückzuwerfen.

---

70 Goethe, S. 931.

Nach Bernd Neumann ist der entscheidende **Wendepunkt** in *Kleider machen Leute* wie in anderen Novellen Kellers „nichts anderes als das Umschlagen der vorbürgerlichen Jugend-Poesie in die Erwachsenen-Prosa des bürgerlichen Erwerbslebens.“[71] *Kleider machen Leute* ist deshalb auch als „eine Sozialisierungsgeschichte, ein Bildungsroman in nuce“[72] zu lesen.

„Bildungsroman in nuce“

Die Sozialisierung Strapinskis vollzieht sich nach Gert Sautermeister „durch Selbsterhellung und Selbsterziehung“[73]:

→ **Selbsterhellung** in Vorwegnahme der Psychoanalyse „durch Rückschau, Erinnerung, Eingedenken“[74] im Gespräch zwischen Strapinski und Nettchen;
→ **Selbsterziehung** im dialektischen „Umschlag aus fast tödlicher Ichgefährdung in lebensoffene Ichbewährung“[75] in der Absage an die Romane und der Entscheidung zur „Tätigkeit und Klugheit“ (HL 35,43–36,1 / R 52,25–26) einer bürgerlichen Existenz.

Das Ergebnis dieser „Sozialisierungsgeschichte“ ist nach Erika Swales allerdings – wie im restlichen Werk Kellers – „mit Zeichen einer skeptischen Reserve durchzogen“[76]: „Alles in allem relativiert der Tonfall des Schlusses die Feier von Strapinskis Integration und macht uns auf den Preis aufmerksam, den der Sozialisationsprozess fordert.“[77]

---

71 Bernd Neumann: *«Kleider machen Leute». Der Löwe in der Eselshaut*, zitiert nach: Selbmann, *Erläuterungen*, S. 103.
72 Ebd. „In nuce“: in Kürze.
73 Gert Sautermeister: *Gottfried Keller*, zitiert nach: Selbmann, *Erläuterungen*, S. 101.
74 Ebd.
75 Ebd.
76 Erika Swales: *The Poetic of Scepticism*, zitiert nach der Übersetzung von Rolf Selbmann in: Ders., *Erläuterungen*, S. 105.
77 Ebd., S. 106.

Die gesellschaftlichen Voraussetzungen

Dass Strapinski den sozialen Aufstieg zum Tuchherrn auf dem Umweg „eines artigen Romanes" (HL 18,43–19,1 / R 27,8) als Graf schafft, sprengt die Gesetzmäßigkeiten der bürgerlichen Gesellschaft und ist durch eine Folge von Zufällen bedingt. Zugleich aber entsprechen die seiner Entwicklung zugrunde liegenden Wendungen der bürgerlichen Gesellschaft insofern, als diese sozial durchlässig wird und nicht nur auf rationaler Berechenbarkeit beruht.

Gewerbefreiheit als Voraussetzung

Die **soziale Durchlässigkeit** zeigt sich schon darin, dass ein Schneider zum Händler werden und „gute Spekulationen" (HL 39,25 / R 58,3) anstellen kann, was vor der Verwirklichung der Gewerbefreiheit im 19. Jahrhundert noch nicht möglich gewesen wäre. Dass die Gesellschaft nicht auf rationaler Berechenbarkeit beruht, zeigen die Seldwyler, die „das blinde Vertrauen auf den Zufall für solider halten" (HL 41,30 / R 61,24–25) als politisches Eingreifen und der mit ihnen verbündete Melchior Böhni, der sich als Buchhalter ganz auf die Berechenbarkeit der Dinge verlässt und daran scheitert.

Strapinskis Erfolg und Böhnis Scheitern erklären sich durch „das Schein- und Maskenhafte in der bürgerlichen Gesellschaft, die dem einen die Chancen zuwirft, die sie dem anderen versagt."[78] Gerhard Kaiser betont deshalb, dass „der Kellersche Konflikt von Phantasie, Gefühl und Wirklichkeit"[79] in *Kleider machen Leute* mindestens ebenso sehr gesellschaftlich wie persönlich bedingt ist, und zwar durch „das Regelspiel der bürgerlichen Gesellschaft, die das Geschäft durch Phantasie vergoldet und Phantasie ausmünzt."[80]

---

78 Kaiser, S. 348.
79 Ebd., S. 344.
80 Ebd., S. 345.

Dieses Regelspiel erklärt, warum die Goldacher Strapinski geradezu in seine Rolle als Graf hineindrängen: Die „umsichtige(n) Geschäftsmänner“ (HL 16,4 / R 22,27) sind „stets begierig auf eine Abwechslung, ein Ereignis, einen Vorgang, dem sie sich ohne Rückhalt hingaben.“ (HL 16,6–8 / R 22,30–32) Nach Gert Sautermeister befriedigt sich so ihr „im Alltag enttäuschtes Bedürfnis nach zweckfreien und erlebnisreichen Verhältnissen (...) wenigstens in der Phantasie. Doch eben nur in dieser. So natürlich das Bedürfnis, so unnatürlich und scheinhaft seine Befriedigung.“[81]

Dass die Goldacher gemeinsam mit Strapinski „liebevoll“ an dessen „Roman“ (vgl. HL 18,43–19,1 / R 27,8–9) arbeiten, erklärt Peter Villwok aus einem gemeinsamen Bedürfnis besitzloser wie besitzender Bürger: „Je unbefriedigender die Verhältnisse für die Maße der kleinen Leute werden, umso größer wird ihr Bedürfnis nach Verschleierung dieser Verhältnisse, nach Betäubung und Unterhaltung, nach wie auch immer scheinhafter Teilhabe an Adel und Romantik als Inbegriff des Hohen und Schönen.“[82]

Die Seldwyler haben „im Grunde das gleiche Bedürfnis nach Mythen“[83], das zeigt sich in ihrem Schlittenzug mit der „Göttin Fortuna“ (HL 22,41 / R 33,9) an der Spitze, ihrer Bereitschaft aus „Seldwyla ein neues Troja werden“ (HL 38,17 / R 56,10) zu lassen und in ihrem Wunsch, „von Tuchherr Strapinski wie Papageien oder Fastnachstfiguren“[84] gekleidet zu werden.

Wille zum schönen Schein

Goldacher und Seldwyler verbindet so „bei allen Unterschieden im Stil der gute Wille zum schönen Schein, die Sucht nach dem lustvollen Verblendungszusammenhang.“[85]

---

81 Sautermeister, S. 99.
82 Peter Villwok: *Kommentar*, in Gottfried Keller (2005), S. 137.
83 Ebd., S. 138.
84 Ebd.
85 Ebd.

Die Bezüge auf die Zeitgeschichte

„Gründerzeitmärchen"

Die Geschichte Strapinskis und Nettchens in Goldach und Seldwyla bezieht Klaus Jeziorkowski ausdrücklicher auf die ab 1860 erfolgende „rapide Veränderung Zürichs zur Banken-, Handels-, Geschäfts-, Wirtschafts- und Industriemetropole, zum Knotenpunkt des Verkehrs und des internationalen Tourismus."[86] Er liest *Kleider machen Leute* deshalb als „Gründerzeitmärchen"[87].

Als typisch für die Schweizer Gründerzeit, also den Aufschwung in den 1850er/1860er Jahren, in deren Verlauf Unternehmens*gründer* scheinbar über Nacht reich werden konnten, hält Jeziorkowski fest:

→ das erste Auftreten der Goldacher Geschäftsherren, geprägt „vom gründerzeitlichen Auftrumpfen mit den Renommiergütern eines internationalen Warenverkehrs"[88];

→ die Goldacher Villen, die die „Poesie der Fabrikanten, Bankiere und Spediteure und ihrer Nachahmer in den wohlklingenden Namen" (HL 17,16–18 / R 24,24–27) verkünden und so zeigen, dass die „Substituierung der Poesie (und des Humanen) durch das Geld (…) Signum der neuen Epoche"[89] ist;

→ „die nostalgische Orientierung der Goldacher Gesellschaft auf trivialromantische Klischees"[90], die Strapinski zum Grafen werden lässt, ist typisch für die Massenliteratur der Gründerzeit;

→ das berechnende Ineinssetzen von Menschlichem und Geschäftlichem durch Melchior Böhni, „wobei das erstere dem letzteren subordiniert wird"[91], ist Ausdruck „gründerzeitlicher Moral", in der „das Menschliche in der Geschäftsmoral aufgeht"[92];

---

86 Jeziorkowski, S. 101.
87 Ebd., S. 103.
88 Ebd., S. 103 f.
89 Ebd., S. 105–106. Substituierung: Ersetzung.
90 Ebd., S. 106.
91 Ebd., S. 105. Subordiniert: untergeordnet.
92 Ebd.

→ Nettchens Aussage zum Schluss, „Wenzel müsse nun ein großer Marchand-Tailleur und Tuchherr werden in Seldwyla" (HL 39,8–10 / R 57,17–18), steckt „auch die gründerzeitlichen Horizonte ab"[93]: Sie und Strapinski werden selbst „Gründer, sie gründen ein Unternehmen großen Umfangs."[94]

Dass die komplexeren gesellschaftlichen und wirtschaftlichen Gegebenheiten der Gründerepoche – wesentlich komplexer als die in den Erzählungen des ersten Seldwyla-Teils dargestellten – in den „alten, aus kollektiven Traditionen stammenden Formen" des Sinnspruchs und des Märchens dargeboten werden, erlaubt es nach Jeziorkowski, von einem „Gründerzeitmärchen" zu sprechen, das auf die Formel gebracht werden kann: „komplizierte Verhältnisse in ‚einfachen Formen'."[95]

Die täuschende Zeichenhaftigkeit der Dinge

Doppelte Lesbarkeit aller Vorgänge

Nach Rolf Selbmann trifft Strapinski als „Schneidergeselle mit den Kleiderzeichen eines Grafen (…) auf ein hochgradig aufgeladenes Zeichenfeld, das doppelbödig zu lesen ist"[96]. Modellhaft vorgeführt wird die doppelte Lesbarkeit aller Gegebenheiten und Vorgänge gleich zu Beginn in der längeren Szene im Gasthof „zur Waage" zwischen Strapinski, dem Wirt und der Köchin: Was und wie Strapinski isst, stellt sich aus der Sicht der Erzählinstanz (und der Lesenden) als Ausdruck der Armut eines Schneiders dar, aus der Sicht des Wirts und der Köchin als Ausdruck des Reichtums eines Grafen.

Beispiele

Aus den gehäuften weiteren Beispielen für die doppelte Lesbarkeit aller Dinge seien hier nur einige festgehalten:

---

93 Ebd., S. 104.
94 Ebd.
95 Ebd., S. 106.
96 Selbmann, *Romane und Erzählungen*, S. 80.

- → Strapinskis ehrfürchtige Unbeholfenheit vor Nettchen erscheint dieser als höfische Ehrerbietung.
- → Sein derbes Volksliedchen wird als Ausdruck erhabenen Nationalstolzes verstanden.
- → Seine Korrespondenz um das „Lotteriespiel und dergleichen" (HL 19,14–15 / R 27,24) wird von den Goldachern als „ein Zeichen wichtiger Beziehungen und Verhältnisse vermerkt." (HL 19,20–21 / R 27,31–32)
- → Der Seldwyler Schneidermeister stellt den Bankrott, der Strapinski um Stelle und Lohn gebracht hat, als „kleine() Geschäftsschwankung" (HL 25,28 / R 37,9) dar und den entlassenen Gesellen als einen, der ihm „aus der Arbeit gelaufen ist" (HL 25,27–28 / R 37,8).
- → Böhni versteht Nettchens Erstarrung als Hilflosigkeit und glaubt sich ihrer in „glücklicher Geschäftigkeit" (28,26 / R 41,25–26) sicher, während sie schon entschlossen Strapinski nacheilt.
- → Als das verzweifelte und erschöpfte Paar im Bauernhaus von Nettchens Patenkind auftaucht, sieht dessen Mutter, die Bäuerin, nur „Glück und Glanz dieser Welt in diesen zwei Personen über ihre Schwelle getreten" (31,4–5 / R 45,12–13).

Ambivalente Schlusssignale

Auch seine „Schlusssignale" markiert der Text nach Selbmann ambivalent: „Während Strapinskis letztes gesprochenes Wort dem ‚stillen Glücke' gilt (HL 35,39 / R 52,20), ist das letzte Wort des ihn interpretierenden Erzählers ‚Rache'". (HL 39,31 / R 58,10). Von mehrdeutigen Zeichenhaftigkeit aller Dinge sind nicht nur die deutenden und handelnden Figuren *im* Text betroffen, sondern auch die Lesenden *vor* dem Text (vgl. oben Kapitel 3.3 Aufbau).

Nach Peter Villwok stellt sich schließlich der ganze Text von *Kleider machen Leute* den Lesenden so dar wie der „artige Roman", an dem Strapinski „gemeinsam mit der Stadt und liebevoll arbeitete“: Dessen „Hauptbestandteil“ bleibt „immer noch das Geheimnis“ (HL 19,2–3 / R 27,8–10). „Es bleibt“, schließt Villwok, „eine Vagheit, eine Festlegungsscheu, eine ‚Unschärferelation‘, die – falls sie bemerkt wird – vorschnelle und eindeutige Urteile auch beim Leser suspendiert. Es bleiben Wahrscheinlichkeiten“[97], bedingt dadurch, dass kein Zeichen eindeutig interpretiert werden kann.

Der Wahlspruch „Kleider machen Leute“ kann also in dem Sinn verstanden werden, dass die Zeichenhaftigkeit aller Dinge und deren Vieldeutigkeit darüber mit entscheiden, wie sie einander zugeordnet werden. „Leute machen Kleider“ ist so zu verstehen, dass die Menschen in allem, was sie machen, ob Kleider oder anderes, immer auch mehrdeutige Zeichen machen.

97 Villwok: *Kommentar*, in: Gottfried Keller (2005) S. 159.

4. REZEPTIONSGESCHICHTE

ZUSAMMENFASSUNG

Zur Zeit Kellers wird *Kleider machen Leute* wenig wahrgenommen und in der scheinbar einfachen Verbindung von Komik, Märchenhaftigkeit und Realismus zwar gelobt, aber auch unterschätzt. Immerhin gehört die Novelle zu den ersten Werken Kellers, die sofort ins Französische und Englische übersetzt werden. Kritisiert werden mitunter vereinzelte Verstöße gegen die realistische Forderung nach Mäßigung des Stils und nach Wahrscheinlichkeit der Handlung. Im 20. Jahrhundert wird die Novelle zur klassischen Schullektüre erhoben, vielfach für die Bühne bearbeitet, zweimal als Oper vertont und dreimal verfilmt.

Zeitgenössische Rezensionen

Vorwurf der Unwahrscheinlichkeit

Zur Zeit der Publikation des deutschen Originals erscheint Ende 1873 eine Kritik der *Leute von Seldwyla* im *Illustrirten Weihnachts-Catalog für den deutschen Buchhandel*. Sie greift den Seldwyler Schlittenzug als Beispiel dafür heraus, dass in Kellers Erzählungen vieles „recht unwahrscheinlich", ja „geradezu märchenhaft" sei.[98] In einem Brief an Theodor Storm vom 25. Juni 1878 schreibt Keller, der norddeutsche Kritiker habe den fastnächtlichen Schlittenzug „als ganz unmöglich, ungeheuerlich und daher unzulässig bezeichnet, während hierzulande dergleichen nicht einmal auffällt, weil es jeder erlebt hat."[99]

---

98 Zitiert nach: Villwok, *Kommentar*, in: Gottfried Keller (2005), S. 184.
99 Keller, *Gesammelte Briefe*, Bd. 3/1, S. 421.

Als „drolliges Scherzo“[100] ordnet **Emil Kuh** die Erzählung in der *Wiener Abendpost* vom 28. Dezember 1874 der „Sphäre des Humoristischen und Komischen“[101] zu. Er begrüßt aber auch als Vorzug, dass Keller den Punkt zu finden wisse, „wo die an ihrer Eigenart zappelnden Kreaturen ihrer Verantwortlichkeit innewerden.“[102]

„Volksmäßige Einfachheit“

Der Literaturtheoretiker und -kritiker **Friedrich Theodor Vischer** hebt zur selben Zeit in der *Augsburger Allgemeinen Zeitung* zunächst die Wendungen der Handlung hervor, durch die Strapinski „für entschuldbare Schuld vom Schicksal, das ihm die Falle doch selbst gelegt, so herb gezüchtigt und dann so hoch begnadigt wird“[103], und freut sich dann an der „volksmäßigen Einfachheit“[104] und dem „lebenstüchtige(n) Realismus“ der Erzählung, der „die echte Idealität in sich begreift.“[105]

Der Schweizer Schriftsteller **Jakob Frey** lobt am 14. Februar 1875 die Verbindung von Realismus und Phantastik, „wodurch dann das dämmernde Zwielicht entsteht, der bestrickende Zauber, der über allen seinen Schöpfungen schwebt“[106]. Er kritisiert aber zugleich, dass die vom Realismus geforderte „Wahrscheinlichkeit, d. h. eine hinlänglich vorbereitete Motivierung auch der kleineren Vorgänge“[107], nicht durchweg gewährleistet werde.

Am 10. Juli 1875 schreibt der deutsche Schriftsteller **Berthold Auerbach** in der renommierten *Deutschen Rundschau*, Keller gelinge es in *Kleider machen Leute*, die „nüchterne Gestalt“ eines stromernden Schneiders im „Zauber der dichterischen Atmosphäre“[108]

---

100 Zitiert nach: Selbmann, *Erläuterungen*, S. 66.
101 Zitiert nach: ebd., S. 65.
102 Zitiert nach: ebd.
103 Zitiert nach: ebd., S. 67.
104 Zitiert nach: ebd. S. 68.
105 Zitiert nach: ebd.
106 Zitiert nach: ebd., S. 69.
107 Zitiert nach: ebd., S. 69–70.
108 Zitiert nach: ebd., S. 71.

darzustellen und damit den „scheinbar ganz trivialen Vorwurf“[109] des stromernden Schneiders weder nur „luftig romantisch in Eichendorff'scher Weise“ noch nur „in grauer, sogenannter strenger Realistik“[110] durchzuführen.

Insgesamt wird die Novelle im Vergleich zum Beispiel mit *Romeo und Julia auf dem Dorfe* oder *Das verlorene Lachen* sowohl in Kellers Korrespondenz wie in den Besprechungen seines Werks selten erwähnt. „Die Ursache liegt auf der Hand: Zu eindeutig erscheint die Aussage, zu problemlos die Handlung.“[111] Dass das eine Fehleinschätzung ist, zeigt die spätere Rezeption.

Spätere Würdigungen

Fontanes Lob

Theodor Fontane lobt in erst postum veröffentlichten Aufzeichnungen aus dem Jahr 1877 *Kleider machen Leute*, weil diese Erzählung – im Unterschied etwa zu *Dietegen* – „nach dem bewussten Wollen Gottfried Kellers, also nicht bloß von ohngefähr“ ein Märchen ist, denn das Märchenhafte ist nach Fontane Kellers „eigentlichstes Gebiet“.[112]

Mit den märchenhaften Zügen der Novelle vermag der Schriftsteller und Journalist **Konrad Alberti** zur Zeit des Naturalismus gar nichts anzufangen. „Was geht das mich an, ob ein hungriger Schneider seiner verschnürten Jacke wegen für einen polnischen Grafen gehalten wird?“[113], fragt er 1889 in einem Aufsatz zu Kellers Gesamtwerk. Er wirft Keller platten Realismus vor, denn er begnüge sich damit, „bloß die Schicksale des Schneider Soundso zu berichten[114], und werde durch „das bloße Behagen am Alltäglich-

---

109 Zitiert nach: ebd., S. 72.
110 Zitiert nach: ebd.
111 Selbmann (1985): *Gottfried Keller*, S. 7.
112 Zitiert nach: Selbmann, *Erläuterungen*, S. 74.
113 Zitiert nach: ebd., S. 75.
114 Zitiert nach: ebd., S. 76.

Philiströsen zum Schaffen"[115] getrieben, während es doch darum gehe, „das Göttliche im Alltäglichsten darzustellen"[116].

Umgekehrt ist für die Schriftstellerin **Ricarda Huch** 1890 „der melancholische Schneider"[117] eines der „farbige(n) Sinnbilder des eitlen schönen Lebens, unvergängliche Geschöpfe einer geistigen Welt, die sich mit der körperlichen überall durchwächst und durchwirkt."[118]

Schullektüre

„Beliebte Schul- und Familienlektüre"

Wilhelm Olbrich erinnert 1922 daran, dass *Kleider machen Leute* neben anderen Keller-Novellen ab 1903 „für die Schule bearbeitet" und „eine beliebte Schul- und Familienlektüre" geworden ist, auch dank illustrierten Ausgaben mit „sehr modernen Gravüren". [119]

Für eine Empfehlung im Unterricht sieht **Albrecht Weber** 1975 in *Kleider machen Leute* „alle didaktischen Kriterien erfüllt: klare novellistische Struktur, bildhafte Sprachkraft, psychologische Entfaltung der Charaktere, Durchbruch wahren Seins durch den Schein und die Macht der Liebe als Thema. Diese Novelle gehört zum Inventar 8. Schuljahr und hat sich dort bewährt."[120]

Klaus Jeziorkowski betont 1984, die Novelle spreche heute ein jüngeres Publikum besonders an „als die Geschichte von den Erfahrungen des Einzelgängers und des Ungesicherten mit einer erst täuschungsbereiten, dann rachesüchtigen und schließlich überlisteten Gesellschaft, als die Legende vom Glück des Traumtänzers wider alle bürgerlichen Normen, mit denen er doch spielt"[121].

---

115 Zitiert nach: ebd.
116 Zitiert nach: ebd.
117 Zitiert nach: ebd., S. 77.
118 Zitiert nach: ebd.
119 Zitiert nach: ebd., S. 81
120 Weber, S. 74 f.
121 Jeziorkowski, S. 134.

Problematik individueller Identitätssuche

Klause Eilert hält es 2007 im Unterschied zu Albrecht Weber für problematisch, die Novelle schon in der 7. oder 8. Klasse zu bearbeiten, „läuft sie doch Gefahr, aus Kellers widerständiger und zeitkritischer Erzählung eine leicht rezipierbare, vergnügliche Geschichte zu machen."[122] Er empfiehlt ihre Lektüre in der 9. oder 10. Klasse,

> „weil Jugendliche in dieser Altersgruppe in besonderer Weise für die Problematik individueller Identitätssuche auf dem Hintergrund gesellschaftlicher Normierungen und Erwartungshaltungen sensibilisiert sind. Der Konflikt zwischen Sein und Schein hat in der heutigen medial durchdrungenen Gesellschaft nichts von seiner Relevanz eingebüßt und steht daher im Vordergrund der Behandlung." [123]

Übersetzungen

Ende 1873 publiziert die *Bibliothèque universelle et Revue suisse* in Lausanne zur selben Zeit, in der *Kleider machen Leute* als erste Erzählung des 3. Bandes der neu herausgegebenen *Leute von Seldwyla* herauskommt, unter dem Titel *L'habit fait l'homme* auch schon ihre französische Übersetzung von **Marie Rambert**.[124]

Nur eine „schweizerische Literatursache"?

Als erste Übertragung eines Keller'schen Werks ins Englische erscheint 1876 **Albert Singeisens** Übersetzung von *Kleider machen Leute* in einer englischen Broschüre ohne Angabe des Verfassernamens (!).[125] Eine ausführlichere Würdigung Kellers im englischen Sprachraum erscheint erst 1880 in der amerikanischen Monatszeitschrift *Fraser's Magazine*. Zum großen Missfallen Kel-

---

122 Eilert, S. 3.
123 Ebd.
124 Vgl. Keller: *Sämtliche Werke*, HKKA Bd. 21, S. 68 f.
125 Vgl. ebd., S. 71.

lers wird sein Werk darin aber „als eine spezifische schweizerische Literatursache behandelt"[126]. Das missfällt ihm: „Denn bei allem Patriotismus verstehe ich hierin keinen Spaß und bin der Meinung, wenn etwas herauskommen soll, so habe sich jeder an das große Sprachgebiet zu halten, dem er angehört."[127]

1919 folgten die Übersetzungen ins Norwegische und Dänische, 1922 ins Spanische und 1932 ins Italienische.[128]

Bearbeitungen

Theaterfassungen von *Kleider machen Leute*, vor allem für das Volks-, Laien- und Schultheater, gibt es in Fülle. Heute greifbar sind zwei Theaterfassungen von Erika Sackersdorff : die standarddeutsche von 1960 und die schwäbische von 2010.[129] Eine **Hörspielfassung** hat 1989 Werne Buhss für den Rundfunk der DDR verfasst.[130] Für die **Oper** haben zwei Komponisten die Novelle bearbeitet. Alexander Zemlinsky hat zwischen 1907 und 1922 drei Fassungen der Komischen Oper *Kleider machen Leute* komponiert, mit einem Libretto von Leo Feld. Die Uraufführung der zweiten Fassung fand 1910 in Wien statt, diejenige der dritten Fassung 1922 in Prag.[131] Joseph Suder hat zwischen 1926 und etwa 1934 *Kleider machen Leute* mit einem eigenen Liberetto als seine einzige Oper komponiert. Das Werk kam erst 1964 in Coburg zur Uraufführung.[132]

Zur **Verfilmung** von *Kleider machen Leute* kam es erstmals 1921. Für Hans Steinhoff, der sich 1933 ganz in den Dienst des

---

126 Brief Kellers an Ida Freiligrath vom 20. 12. 1880, in: Keller, *Sämtliche Werke*, HKKA Bd. 21, S. 71.
127 Ebd., S. 585.
128 Vgl. Selbmann, *Erläuterungen*, S. 65.
129 Vgl. http://www.buschfunk.de/BS532?lc%5Bmenu_id%5D=24 [Stand : November 2011].
130 Vgl. http://www.drs2.ch/www/de/drs2/sendungen/hoerspiel-drs-2/2668.sh10129750.html [Stand : November 2011].
131 Vgl. http://de.wikipedia.org/wiki/Alexander_von_Zemlinsky [Stand: November 2011].
132 Vgl. http://www.suder.org/?page=works::opera [Stand: November 2011].

Nationalsozialismus stellte, war diese Literaturverfilmung die erste Stummfilmproduktion.[133]

Heinz Rühmann als Schneider

Helmut Käutner, der dem Nationalsozialismus kritischer gegenüberstand, schuf 1940 mit Heinz Rühmann als Hauptdarsteller und Produzent die bekannteste Verfilmung von *Kleider machen Leute*. Der Film macht sich über den Uniformwahn der Nationalsozialisten lustig, muss sich aber der nationalsozialistischen Zensur Goebbels insofern unterwerfen, als der Schneider Strapinski nach der erneuten Teilung Polens durch Hitler und Stalin nicht mehr als polnischer Flüchtling betrachtet werden darf, sondern für den russischen Grafen Stroganoff und Abgesandten des Zaren gehalten wird.[134]

Die dritte Verfilmung stammt von Paul Verhoeven und wurde 1963 für das Fernsehen produziert.[135]

Motivnachfolge

In ihren Motiven erinnern später zwei bekannte literarische Texte an *Kleider machen Leute*:

Der Hauptmann von Köpenick

Die größte Motivnähe zu Kellers Novelle findet sich im Volksstück in drei Akten von Carl Zuckmayer: *Der Hauptmann von Köpenick. Ein deutsches Märchen*, uraufgeführt 1931 in Berlin. Zuckmayers Komödie hat mehrere Parallelen zu Kellers Novelle:

a) Wilhelm Voigt ist ein arbeitsloser Handwerker (Schuhmacher) und entlassener Sträfling.
b) Um zu einem Pass und zu Arbeit zu kommen, ersteht er beim Trödler eine Hauptmannsuniform, denn „sone Uniform, die macht det meiste janz von alleene."[136]

---

133 Vgl. http://www.zelluloid.de/filme/index.php3?id=32576 und: http://de.wikipedia.org/wiki/Hans_Steinhoff [beide Stand: November 2011].
134 Vgl. http://www.zelluloid.de/filme/kritik.php3?id=8770&tid=9873 [Stand: November 2011], sowie: Eilert, S. 43.
135 Vgl. http://www.zelluloid.de/filme/index.php3?id=32577 [Stand: November 2011].
136 Zuckmayer, S. 106.

c) Er hat sich in der soldatischen Disziplin des Gefängnisses militärisches Wissen angeeignet.
d) Die Uniformgläubigkeit der Köpenicker Bürger und Beamten verschafft ihm mehr Ansehen und Erfolg, als er erhofft hat.

Die Panne

Mehrere Motive, wenn auch nicht die Hauptmotive des Betrugs und der befreienden Liebe, teilt Friedrich Dürrenmatts Erzählung *Die Panne* von 1956 mit Kellers Novelle[137]:

a) Der Protagonist, der Generalvertreter Alfredo Traps, ist wie Strapinski „in der Textilbranche" beschäftigt.
b) Er ist wie Strapinski unterwegs, als die Geschichte anfängt.
c) Er trägt den Spitznamen „Marquis de Casanova"
d) Er gerät in einen „Herrenabend" angesehener Bürger und lässt sich von ihnen in ein „Spielchen" verwickeln.
e) Er rekapituliert seine Jugendgeschichte in Form eines Geständnisses.
f) Seine Geschichte wird weder durch das Schicksal noch durch bewusstes, verantwortliches Handeln regiert, sondern vom Zufall.
g) Das kommt ihm märchenhaft vor: „‚Wie im Märchen', staunte der Generalvertreter immer wieder, ‚wie im Märchen'".

---

137 Vgl. die Zusammenstellung bei Selbmann, *Erläuterungen*, S. 84.

5. MATERIALIEN

Kellers Einleitung von 1856 zum ersten Teil der *Leute von Seldwyla*

Aus: Gottfried Keller: *Die Leute von Seldwyla. Gesammelte Gedichte*, S. 7–10

Seldwyla bedeutet nach der älteren Sprache einen wonnigen und sonnigen Ort, und so ist auch in der Tat die kleine Stadt dieses Namens gelegen irgendwo in der Schweiz. Sie steckt noch in den gleichen alten Ringmauern und Türmen wie vor dreihundert Jahren und ist also immer das gleiche Nest; die ursprüngliche tiefe Absicht dieser Anlage wird durch den Umstand erhärtet, dass die Gründer der Stadt dieselbe eine gute halbe Stunde von einem schiffbaren Flusse angepflanzt, zum deutlichen Zeichen, dass nichts daraus werden solle. Aber schön ist sie gelegen, mitten in grünen Bergen, die nach der Mittagseite zu offen sind, so dass wohl die Sonne hereinkann, aber kein rauhes Lüftchen. Deswegen gedeiht auch ein ziemlich guter Wein rings um die alte Stadtmauer, während höher hinauf an den Bergen unabsehbare Waldungen sich hinziehen, welche das Vermögen der Stadt ausmachen; denn dies ist das Wahrzeichen und sonderbare Schicksal derselben, dass die Gemeinde reich ist und die Bürgerschaft arm, und zwar so, dass kein Mensch zu Seldwyla etwas hat und niemand weiß, wovon sie seit Jahrhunderten eigentlich leben. Und sie leben sehr lustig und guter Dinge, halten die Gemütlichkeit für ihre besondere Kunst, und wenn sie irgendwo hinkommen, wo man anderes Holz brennt, so kritisieren sie zuerst die dortige Gemütlichkeit und meinen, ihnen tue es doch niemand zuvor in dieser Hantierung.

Der Kern und der Glanz des Volkes besteht aus den jungen Leuten von etwa zwanzig bis fünf-, sechsunddreißig Jahren, und diese sind es, welche den Ton angeben, die Stange halten und die Herrlichkeit von Seldwyla darstellen. Denn während dieses Alters üben sie das Geschäft, das Handwerk, den Vorteil oder was sie sonst gelernt haben, das heißt sie lassen, solange es geht, fremde Leute für sich arbeiten und benutzen ihre Profession zur Betreibung eines trefflichen Schuldenverkehrs, der eben die Grundlage der Macht, Herrlichkeit und Gemütlichkeit der Herren von Seldwyl bildet und mit einer ausgezeichneten Gegenseitigkeit und Verständnisinnigkeit gewahrt wird; aber wohlgemerkt, nur unter dieser Aristokratie der Jugend. Denn sowie einer die Grenze der besagten blühenden Jahre erreicht, wo die Männer anderer Städtlein etwa anfangen erst recht in sich zu gehen und zu erstarken, so ist er in Seldwyla fertig; er muss fallen lassen und hält sich, wenn er ein ganz gewöhnlicher Seldwyler ist, ferner am Orte auf als ein Entkräfteter und aus dem Paradies des Kredites Verstoßener, oder wenn noch etwas in ihm steckt, das noch nicht verbraucht ist, so geht er in fremde Kriegsdienste und lernt dort für einen fremden Tyrannen, was er für sich selbst zu üben verschmäht hat, sich einzuknöpfen und steif aufrecht zu halten. Diese kehren als tüchtige Kriegsmänner nach einer Reihe von Jahren zurück und gehören dann zu den besten Exerziermeistern der Schweiz, welche die junge Mannschaft zu erziehen wissen, dass es eine Lust ist. Andere ziehen noch anderwärts auf Abenteuer aus gegen das vierzigste Jahr hin, und in den verschiedensten Weltteilen kann man Seldwyler treffen, die sich alle dadurch auszeichnen, dass sie sehr geschickt Fische zu essen verstehen, in Australien, in Kalifornien, in Texas wie in Paris oder Konstantinopel.

Was aber zurückbleibt und am Orte alt wird, das lernt dann nachträglich arbeiten, und zwar jene krabbelige Arbeit von tausend kleinen Dingen, die man eigentlich nicht gelernt, für den täglichen Kreuzer, und die alternden verarmten Seldwyler mit ihren Weibern und Kindern sind die emsigsten Leutchen von der Welt, nachdem sie das erlernte Handwerk aufgegeben, und es ist rührend anzusehen, wie tätig sie dahinter her sind, sich die Mittelchen zu einem guten Stückchen Fleisch von ehedem zu erwerben. Holz haben alle Bürger die Fülle und die Gemeinde verkauft jährlich noch einen guten Teil, woraus die große Armut unterstützt und genährt wird, und so steht das alte Städtchen in unveränderlichem Kreislauf der Dinge bis heute. Aber immer sind sie im Ganzen zufrieden und munter, und wenn je ein Schatten ihre Seele trübt, wenn etwa eine allzu hartnäckige Geldklemme über der Stadt weilt, so vertreiben sie sich die Zeit und ermuntern sich durch ihre große politische Beweglichkeit, welche ein weiterer Charakterzug der Seldwyler ist. Sie sind nämlich leidenschaftliche Parteileute, Verfassungsrevisoren und Antragsteller, und wenn sie eine recht verrückte Motion[138] ausgeheckt haben und durch ihr Großratsmitglied stellen lassen oder wenn der Ruf nach Verfassungsänderung in Seldwyla ausgeht, so weiß man im Lande, dass im Augenblicke dort kein Geld zirkuliert. Dabei lieben sie die Abwechslung der Meinungen und Grundsätze und sind stets den Tag darauf, nachdem eine Regierung gewählt ist, in der Opposition gegen dieselbe. Ist es ein radikales Regiment, so scharen sie sich, um es zu ärgern, um den konservativen frömmlichen Stadtpfarrer, den sie noch gestern gehänselt, und machen ihm den Hof, indem sie sich mit verstellter Begeisterung in seine Kirche drängen, seine Predigten preisen und mit großem Geräusch seine gedruckten Traktätchen und Berichte der Baseler-Missionsgesellschaft umherbieten, natürlich ohne ihm einen Pfennig beizusteuern. Ist aber ein Regiment am Ruder, welches nur halbwegs konservativ aus-

---

138 Motion: Schriftlicher Antrag.

sieht, stracks drängen sie sich um die Schullehrer der Stadt, und der Pfarrer hat genug an den Glaser zu zahlen für eingeworfene Scheiben. Besteht hingegen die Regierung aus liberalen Juristen, die viel auf die Form halten, und aus häklichen Geldmännern, so laufen sie flugs dem nächst wohnenden Sozialisten zu und ärgern die Regierung, indem sie denselben in den Rat wählen mit dem Feldgeschrei: Es sei nun genug des politischen Formenwesens und die materiellen Interessen seien es, welche allein das Volk noch kümmern könnten. Heute wollen sie das Veto haben und sogar die unmittelbarste Selbstregierung mit permanenter Volksversammlung, wozu freilich die Seldwyler am meisten Zeit hätten, morgen stellen sie sich übermüdet und blasiert in öffentlichen Dingen und lassen ein halbes Dutzend alte Stillständer, die vor dreißig Jahren falliert[139] und sich seither stillschweigend rehabilitiert haben, die Wahlen besorgen; alsdann sehen sie behaglich hinter den Wirtshausfenstern hervor die Stillständer in die Kirche schleichen und lachen sich in die Faust, wie jener Knabe, welcher sagte: Es geschieht meinem Vater schon recht, wenn ich mir die Hände verfriere, warum kauft er mir keine Handschuhe! Gestern schwärmten sie allein für das eidgenössische Bundesleben und waren höchlich empört, dass man Anno achtundvierzig nicht gänzliche Einheit hergestellt habe; heute sind sie ganz versessen auf die Kantonalsouveränetät und haben nicht mehr in den Nationalrat gewählt.

Wenn aber eine ihrer Aufregungen und Motionen der Landesmehrheit störend und unbequem wird, so schickt ihnen die Regierung gewöhnlich als Beruhigungsmittel eine Untersuchungskommission auf den Hals, welche die Verwaltung des Seldwyler Gemeindegutes regulieren soll; dann haben sie vollauf mit sich selbst zu tun und die Gefahr ist abgeleitet.

---

139 Fallieren: zahlungsunfähig sein.

Alles dies macht ihnen großen Spaß, der nur überboten wird, wenn sie allherbstlich ihren jungen Wein trinken, den gärenden Most, den sie Sauser nennen; wenn er gut ist, so ist man des Lebens nicht sicher unter ihnen, und sie machen einen Höllenlärm; die ganze Stadt duftet nach jungem Wein und die Seldwyler taugen dann auch gar nichts. Je weniger aber ein Seldwyler zu Hause was taugt, umso besser hält er sich sonderbarerweise, wenn er ausrückt, und ob sie einzeln oder in Kompagnie ausziehen, wie zum Beispiel in früheren Kriegen, so haben sie sich doch immer gut gehalten. Auch als Spekulant und Geschäftsmann hat schon mancher sich rüstig umgetan, wenn er nur erst aus dem warmen sonnigen Tale herauskam, wo er nicht gedieh.

In einer so lustigen und seltsamen Stadt kann es an allerhand seltsamen Geschichten und Lebensläufen nicht fehlen, da Müßiggang aller Laster Anfang ist. Doch nicht solche Geschichten, wie sie in dem beschriebenen Charakter von Seldwyla liegen, will ich eigentlich in diesem Büchlein erzählen, sondern einige sonderbare Abfällsel, die so zwischendurch passierten, gewissermaßen ausnahmsweise, und doch auch gerade nur zu Seldwyla vor sich gehen konnten.

Kellers Einleitung von 1873 zum zweiten Teil der *Leute von Seldwyla*

Aus: Gottfried Keller: *Die Leute von Seldwyla. Gesammelte Gedichte*, S. 273–275

Seit die erste Hälfte dieser Erzählungen erschienen, streiten sich etwa sieben Städte im Schweizerlande darum, welche unter ihnen mit Seldwyla gemeint sei; und da nach alter Erfahrung der eitle Mensch lieber für schlimm, glücklich und kurzweilig als für brav, aber unbeholfen und einfältig gelten will, so hat jede dieser Städte dem Verfasser ihr Ehrenbürgerrecht angeboten für den Fall, dass er sich für sie erkläre.

Weil er aber schon eine Heimat besitzt, die hinter keinem jener ehrgeizigen Gemeinwesen zurücksteht, so suchte er sie dadurch zu beschwichtigen, dass er ihnen vorgab, es rage in jeder Stadt und in jedem Tale der Schweiz ein Türmchen von Seldwyla, und diese Ortschaft sei mithin als eine Zusammenstellung solcher Türmchen, als eine ideale Stadt zu betrachten, welche nur auf den Bergnebel gemalt sei und mit ihm weiterziehe bald über diesen, bald über jenen Gau, und vielleicht da oder dort über die Grenze des lieben Vaterlandes, über den alten Rheinstrom hinaus.

Während aber einige der Städte hartnäckig fortfahren, sich ihres Homers schon bei dessen Lebzeiten versichern zu wollen, hat sich mit dem wirklichen Seldwyla eine solche Veränderung zugetragen, dass sich sein sonst durch Jahrhunderte gleich gebliebener Charakter in weniger als zehn Jahren geändert hat und sich ganz in sein Gegenteil zu verwandeln droht.

Oder, wahrer gesagt, hat sich das allgemeine Leben so gestaltet, dass die besonderen Fähigkeiten und Nücken[140] der wackeren Seldwyler sich herrlicher darin entwickeln können, ein günstiges Fahrwasser, ein dankbares Ackerfeld daran haben, auf welchem gerade sie Meister sind, und dadurch zu gelungenen, beruhigten Leuten werden, die sich nicht mehr von der braven übrigen Welt unterscheiden.

Es ist insonderlich die überall verbreitete Spekulationsbetätigung in bekannten und unbekannten Werten, welche den Seldwylern ein Feld eröffnet hat, das für sie wie seit Urbeginn geschaffen schien und sie mit *einem* Schlage Tausenden von ernsthaften Geschäftsleuten gleichstellte.

---

140 Nücke: Laune.

Das gesellschaftliche Besprechen dieser Werte, das Herumspazieren zum Auftrieb eines Geschäftes, mit welchem keine weitere Arbeit verbunden ist als das Erdulden mannigfacher Aufregung, das Eröffnen oder Absenden von Depeschen und hundert ähnliche Dinge, die den Tag ausfüllen, sind so recht ihre Sache. Jeder Seldwyler ist nun ein geborener Agent oder dergleichen, und sie wandern als solche förmlich aus, wie die Engadiner Zuckerbäcker, die Tessiner Gipsarbeiter und die savoyischen Kaminfeger.

Statt der ehemaligen dicken Brieftasche mit zerknitterten Schuldscheinen und Bagatellwechseln führen sie nun elegante kleine Notizbücher, in welchen die Aufträge in Aktien, Obligationen, Baumwolle oder Seide kurz notiert werden. Wo irgendeine Unternehmung sich auftut, sind einige von ihnen bei der Hand, flattern wie die Sperlinge um die Sache herum und helfen sie ausbreiten. Gelingt es einem, für sich selbst einen Gewinn zu erhaschen, so steuert er stracks damit seitwärts, wie der Karpfen mit dem Regenwurm, und taucht vergnügt an einem andern Lockort wieder auf.

Immer sind sie in Bewegung und kommen mit aller Welt in Berührung. Sie spielen mit den angesehensten Geschäftsmännern Karten und verstehen es vortrefflich, zwischen dem Ausspielen schnelle Antworten auf Geschäftsfragen zu geben oder ein bedeutsames Schweigen zu beobachten. Dabei sind sie jedoch bereits einsilbiger und trockener geworden; sie lachen weniger als früher und finden fast keine Zeit mehr, auf Schwänke und Lustbarkeiten zu sinnen.

Schon sammelt sich da und dort einiges Vermögen an, welches bei eintretenden Handelskrisen zwar zittert wie Espenlaub oder sich sogar still wieder auseinander begibt, wie eine ungesetzliche Versammlung, wenn die Polizei kommt.

Aber statt der früheren plebejisch-gemütlichen Konkurse und Verlumpungen, die sie untereinander abspielten, gibt es jetzt vornehme Akkommodements[141] mit stattlichen auswärtigen Gläubigern, anständig besprochene Schicksalswendungen, welche annäherungsweise wie etwas Rechtes aussehen, sodann Wiederaufrichtungen, und nur selten muss noch einer vom Schauplatze abtreten.

Von der Politik sind sie beinahe ganz abgekommen, da sie glauben, sie führe immer zum Kriegswesen; als angehende Besitzlustige fürchten und hassen sie aber alle Kriegsmöglichkeiten wie den baren Teufel, während sie sonst hinter ihren Bierkrügen mit der ganzen alten Pentarchie[142] zumal Krieg führten. So sind sie, ehemals die eifrigsten Kannegießer[143], dahin gelangt, sich ängstlich vor jedem Urteil in politischen Dingen zu hüten, um ja kein Geschäft, bewusst oder unbewusst, auf ein solches zu stützen, da sie das blinde Vertrauen auf den Zufall für solider halten.

Aber eben durch alles das verändert sich das Wesen der Seldwyler; sie sehen, wie gesagt, schon aus wie andere Leute; es ereignet sich nichts mehr unter ihnen, was der beschaulichen Aufzeichnung würdig wäre, und es ist daher an der Zeit, in ihrer Vergangenheit und den guten lustigen Tagen der Stadt noch eine kleine Nachernte zu halten, welcher Tätigkeit die nachfolgenden weiteren fünf Erzählungen ihr Dasein verdanken.

---

141 Akkomodement: Vergleich.
142 Pentarchie:Herrschaft von fünf Mächten.
143 Kannegießer: Schwätzer.

Gottfried Kellers Gedicht *Jeder Schein trügt*

Aus: Gottfried Keller: *Die Leute von Seldwyla. Gesammelte Gedichte*, S. 655–656.

Ich weiß ein Haus, das ragt mit stolzen Zinnen,
Frei spielt das Licht in allen seinen Sälen,
Sein Giebel schimmert frei von allen Fehlen,
Kein Neider schilt's, nicht außen und nicht innen.

Nur wer es weiß mit Klugheit zu beginnen,
In seine Grundgewölbe sich zu stehlen,
Sieht üppig feuchten Moder dort verhehlen
Von dicken Schlangen wahre Königinnen.

Doch würde der sich auch betrogen haben,
Der rasch empor die Treppe wollte steigen,
Die Feinde mit der Kunde zu erlaben:

Denn tiefer noch, im allertiefsten Schweigen,
Da liegt ein ungehobner Schatz begraben,
Der niemals wird dem Tage wohl sich zeigen.

6. PRÜFUNGSAUFGABEN MIT MUSTERLÖSUNGEN

Unter www.königserläuterungen.de/download finden Sie im Internet zwei weitere Aufgaben mit Musterlösungen.

Die Zahl der Sternchen bezeichnet das Anforderungsniveau der jeweiligen Aufgabe.

Aufgabe 1 ***

Analysieren und interpretieren Sie die Darstellung der Ankunft Strapinskis in Goldach (HL 4,6–26 / R 4,27–5,18) und stellen Sie einen Zusammenhang zum Textganzen her.

ANALYSE

Mögliche Lösung in knapper Fassung:

Nach der anfänglichen Exposition mit der Vorstellung Strapinskis, seines Aussehens und seiner kümmerlichen Lage, hat die Haupthandlung damit eingesetzt, dass er vom Kutscher des herrschaftlichen Gefährts eines Grafen zum Mitfahren eingeladen wird. Mit dieser Fahrt beschleunigen sich sowohl der Gang der Handlung wie der Lauf der Erzählung. Diese Beschleunigung wird durch die Wortwahl und den Satzbau unterstrichen („worauf", „rasch", „in einer kleinen Stunde", „plötzlich", „alsogleich" „stürzten", „umringten schon") bis zu dem Moment, da der Insasse des Gefährts aussteigen sollte, um „endlich" die Neugier der Wartenden zu befriedigen. Hier wechselt die Erregung der Beschleunigung in jene der gespannten Erwartung. Die Ankunft Strapinskis wird also mit mehreren Mitteln der dramatischen Kunst gestaltet, und tatsächlich wirkt sein Auftritt wie jener einer Bühnenfigur, deren Erscheinen feststeht, aber noch nicht stattgefunden hat.

Das erste Bild, das er bietet, ist dramatisch widersprüchlich: Er springt herab, erscheint dynamisch, blickt aber „schwermütig zur Erde", erscheint apathisch. Dieses widersprüchliche Bild macht ihn sowohl für das Goldacher Publikum wie für uns Lesende interessant, und schon hier hat es für die Ersteren den Anschein, der Fremde müsse „wenigstens ein geheimnisvoller Prinz oder Grafensohn" sein. Vor der Folie dieses Scheins verfolgen nun auch wir Lesenden mit größerem Interesse, inwieweit dieser erste Eindruck vom weiteren Geschehen bestätigt und verstärkt oder abgeschwächt und gar widerlegt wird. Dieses Interesse steigert der Text dadurch, dass die berichtende Wiedergabe der Handlung über mehrere Zeilen hinweg (HL 4,16–22 / R 5,5–13) durch eine längere Beschreibung und Kommentierung der Situation unterbrochen wird.

Strapinskis Passivität

Erst nach einem bedeutungsvollen Gedankenstrich setzt die Handlung wieder ein, nun als fast traumhaft sich vollziehendes Geschehen, erlebt aus der Perspektive Strapinskis, der sich „willenlos" „in das Haus und die Treppe hinangeleiten", in den Speisesaal „versetzen" und seines Mantels entkleiden lässt. Diese Passivität ist in zweierlei Hinsicht bedeutungsvoll und wichtig fürs Weitere: Sie unterstreicht zum einen, dass er hier noch gar nichts „selbsttätig" (vgl. HL 6,21 u. 7,18 / R 8,10–11 u. 9,24–25) unternimmt, um den Eindruck zu erwecken, er sei ein Graf, zum anderen, dass er durch eben diese Passivität, die ja darin besteht, andere für sich handeln zu lassen, diesen Eindruck in hohem Maße verstärkt. Diese Wirkung steigert der Text, indem er im unpersönlichen Passiv das geschäftig werdende Personal gar nicht benennt, wie sich dies für eine adlige Perspektive auf berufstätige Bürger gehört, und die vorgenommenen Tätigkeiten durch eine entsprechende Wortwahl charakterisiert: „hinangeleiten", „ehrwürdiger Mantel dienstfertig abgenommen".

Der Text unterstreicht die dramatische Bewegtheit und Anschaulichkeit der Szene zusätzlich dadurch, dass die auktoriale Erzählinstanz neben dem Erzähltempo auf souveräne Weise die Erzählmittel und vor allem die Erzählperspektive mehrmals variiert. Sie wechselt vom Erzählmittel des rasanten Berichts (HL 4,6–16 / R 4,27–5,5) in dasjenige der Beschreibung (HL 4,16–20 / R 5,5–10), um dann in den Kommentar umzuschalten (HL 4,20–22 / R 5,10–13) und schließlich abrupt zum Bericht zurückzukehren (HL 4,22–26 / R 5,13–18), der mit beschreibenden Elementen versetzt ist, bevor in den folgenden Abschnitten eine szenische Darstellung vorherrscht, die mehr als doppelt so lang ist wie der ganze hier besprochene Ausschnitt (HL 4,27–5,43 / R 5,19–7,19).

Wechsel der Erzählperspektive

Noch auffälliger ist der ständige Wechsel der Erzählperspektive: In auktorialer Außensicht aufs Ganze wird zunächst die Kutschenfahrt dargestellt (HL 4,6–14 / R 4,27–5,2), dann wird in personaler Außensicht auf Strapinski gezeigt, welchen Eindruck er auf die herumstehenden „Kinder und Nachbarn" macht, als er sich „endlich" – an ihrer Ungeduld gemessen – zeigt. Nun wechselt die Erzählinstanz wieder kurz in die auktoriale Außensicht auf die räumlichen Gegebenheiten (HL 4,18–20 / R 5,7–10), bevor sie versucht, in auktorialer Innensicht, die verborgenen Regungen Strapinskis zu ergründen (HL 4,20–22 / R 5,10–13). Mit einem Gedankenstrich, der durch den Verzicht auf jedes Erzählmittel die Ergebnislosigkeit dieses Versuchs auch typographisch hervorhebt, wechselt die Erzählinstanz noch einmal kurz in die auktoriale Außensicht auf Strapinski (HL 4,22–24 / R 5,13–14), um dann in der Übernahme dessen personaler Innen- und Außensicht (HL 4,24–26 / R 5,15–18) zu zeigen, dass er bis dahin gar nicht recht realisiert hat („bemerkte seine neue seltsame Lage erst recht"), wie ihm geschieht, eine Übernahme seiner Sicht also nicht viel gezeigt hätte.

Dieses Feuerwerk verschiedener, einander schnell ablösender Perspektiven, verstärkt nicht nur die Bewegtheit und Anschaulichkeit der Szene. Es macht vor allem auch deutlich, wie verschieden diese je nach subjektiver Sichtweise wahrgenommen werden kann. Die Unsicherheit darüber, ob der jeweiligen Wahrnehmung zu trauen ist, zeigt sich vor allem im Gedankenstrich, durch den die Erzählinstanz markiert, dass sie in der Ergründung dessen, was in Strapinski vorgeht, nicht weiterkommt und sich zunächst wieder auf die knappe Wiedergabe des äußeren Vorgangs beschränken muss. In dieser Verunsicherung erscheint ihre Verwendung verschiedener Erzählmittel und -perspektiven plötzlich als das Gegenteil der souveränen Verfügung über den Stoff. Wir Lesenden werden ebenfalls verunsichert und fragen uns, ob das erzählerische Feuerwerk nun Ausdruck der auktorialen Macht der Erzählinstanz ist oder gerade umgekehrt ihrer Hilflosigkeit gegenüber der Macht gegebener Vorgänge, die sich in ihrer Scheinhaftigkeit nie ganz werden ergründen lassen.

INTERPRETATION

Die mit dieser Unentschiedenheit einhergehende Verunsicherung der Lesenden wird im Lauf der Lektüre noch mehrmals wachgerufen werden (vgl. oben Kapitel 3.3). Sie versetzt die Lesenden in die gleiche Situation, die den Figuren der Geschichte selbst zum Verhängnis zu werden droht. Was in den Erscheinungen Täuschung oder Offenbarung ist, wird sich später oft so wenig ausmachen lassen wie hier: Fehlt es Strapinski an Geistesgegenwart oder an Mut, die mit seiner Ankunft verbundenen Missverständnisse gleich zu klären? Oder geht das Ganze einfach viel zu schnell? Oder sind die Fehldeutungen eher auf die Erwartungshaltungshaltung der „Kinder und Nachbarn" zurückzuführen? Oder auf den Übereifer des Wirthauspersonals? Es wirkt offenbar alles mit- und ineinander, und um dies nicht einfach behauptend festzustellen, sondern den Lesenden erfahrbar zu machen, muss die Erzählinstanz schnell von der einen Erzählperspektive in die andere, vom einen Erzählmittel ins andere, vom einen Erzähltempo ins andere wechseln.

Damit erfüllt Keller zwei wesentliche Anforderungen der realistischen Erzählweise seiner Zeit: Er lässt die Lesenden möglichst selbst erfahren, worum es geht, und er lässt sie so als wahrscheinlicher erfahren, was im einfachen Erzählbericht nur unwahrscheinlich märchenhaft wirken würde. Nicht der Autor Keller erscheint verantwortlich für die unerhörten Vorgänge, die er wiedergibt, sondern eine brüchig gewordene Wirklichkeit, die in der Fülle verschiedener möglicher Wirklichkeiten der Scheinhaftigkeit verfallen scheint.

Dies hier gleich mit der ganzen ihm zur Verfügung stehenden vielbödigen Erzählkunst deutlich zu machen, ist für Keller umso wichtiger, als wir es ja mit der ersten Schlüsselszene der ganzen Novelle zu tun haben: Im ersten Auftritt Strapinskis entscheidet sich gleich, ob und wie der von ihm nie beabsichtigte Täuschungsvorgang zustande kommt oder nicht. Alles hängt von den paar Sekunden oder Minuten ab, in denen sich sein Aussteigen aus der Kutsche und sein Empfang durch die herumstehenden Goldacher und das Wirtshauspersonal vollzieht. Es handelt sich hier wohl um die sowohl für Strapinski wie für den Autor Keller heikelste Szene des Ganzen, weil sich hier für beide alles Weitere entscheidet. Es geht darum, ob, wie und warum Strapinski nun für einen Grafen gehalten wird oder nicht, und es geht darum, ob wir Lesenden dies dem Autor Keller abnehmen oder nicht. Beide Fragen lassen sich aufgrund der Erzählkunst Kellers auf befriedigende Weise beantworten – gerade weil Keller sich nicht auf ein plattes Realitätsverständnis und eine eindimensionale Erzählweise festlegen lässt.

Aufgabe 2 **

Für den Titel-Sinnspruch „Kleider machen Leute" steht von Anfang an zeichenhaft der Radmantel Strapinskis. In der Begegnung Strapinskis mit Nettchen wird jedoch die Sprache der Gesichter wichtiger als jene der Kleidung. Bis zum Schluss nehmen überdies Kleidungsstücke wie Pelzmütze, Handschuhe und Schleier eine bedeutendere Rolle ein als der Radmantel. Verfolgen Sie die Entwicklung der Rolle dieser Kleidungsstücke (Radmantel, Pelzmütze, Handschuhe, Schleier) und der Sprache der Gesichter und verbinden Sie sie mit der Deutung des Ganzen.

Mögliche Lösung in knapper Fassung:

ANALYSE

Der Radmantel

Der Radmantel spielt schon bei der Vorstellung Strapinskis eine zentrale Rolle und ist insofern ambivalent, als Wenzel sich ganz mit ihm identifiziert, aber durch ihn ein trügerisches Bild von sich gibt und deshalb zugleich als „Märtyrer" (HL 3,34 / R 4,9) unter ihm leidet, weil er mit ihm keine Nahrung findet. Strapinski identifiziert sich also mit einem Kleidungsstück, das ihm eine falsche Identität verleiht, unter der er leiden muss. Bei seinem Abstieg im Gasthaus „zur Waage" sehen die Leute im Mantel prompt ein Zeichen seines Adels. Ohne diesen Trug zunächst verstärken zu wollen, kann Strapinski doch nicht von dem Objekt lassen, das ihn hervorbringt, und trägt den Mantel sowohl beim Besuch Goldachs wie beim mehrmaligen Versuch zu entweichen. Deshalb spielt der Mantel auch noch eine wichtige Rolle, als Nettchen ihm ihre Liebe offenbart. Er schützt nun nicht mehr vor allem Strapinski selbst, sondern die junge Frau, indem er „die schlanke, stolze, schneeweiße Gestalt des Mädchens wie mit schwarzen Adlerflügeln" (HL 20,40–42 / R 30,6–8) umhüllt. Trügerisch erscheint hier nicht mehr so sehr der Mantel selbst, als das Gesamtbild, zu dem er gehört. Die Kontraste Schwarz/Weiß, Stärke/ Zebrechlichkeit, Mann/Frau werden so sehr übertrieben, dass die Stelle nur als Parodie auf den literarischen Kitsch der Zeit verstanden werden kann. Wenn das Bild „seine Berechtigung ganz allein in sich selbst zu tragen" (HL 20,42–43 / R 8–9) **scheint**, kann das auch ironisch verstanden werden: Eine andere Berechtigung als die aus sich selbst abgeleitete gibt es offenbar nicht.

Der Mantel versetzt Strapinski also immer in schiefe Situationen. Ab der Szene, in der er und Nettchen einander ihre Liebe offenbaren, trägt er ihn nicht mehr. Anlässlich seiner Demaskierung im Maskenspiel der Seldwyler wird er ihm aber vom Schneidermeister noch einmal vorgehalten, bevor dieser ihn bzw. seine fastnächtliche Entsprechung in einem „Pack weit über die Köpfe der Anwesenden in die Tiefe des Saales" wirft, „als wollte er sich ewig von seiner Vergangenheit trennen." (HL 25,15–17 / R 36,30–33) Vom Moment dieser Demaskierung an ist gar nie mehr die Rede von dem Mantel.

Farbsymbolik

In der Begegnung mit Nettchen spielt der Mantel zunächst gar keine Rolle. Wichtiger ist, dass Strapinski gleich seine Mütze vom Kopf zieht und „von Rot übergossen" (HL 13,21–22 / R 18,33) dasteht, während sie „auch lieblich errötete" (HL 13,31–32 / R 19,11). Das zweite Mal begegnet Nettchen Strapinski „mit wehendem blauem Schleier" (HL 18,18 / R 26,10–11) und wieder „rasch errötend" (HL 18,22 / R 26,16). Das sind lauter zweideutige Zeichen: Blau steht sowohl für Treue und Beständigkeit wie für Unheil und Lüge, der Schleier steht für Verhüllung wie für Enthüllung und soll Unheil abwehren (vgl. oben Kapitel 3.5). Rot steht sowohl für Leben und Liebe wie für Sünde und Gefahr.

Als die beiden einander ihre Liebe offenbaren, spielen das Gesicht und der Mantel noch beide zusammen eine Rolle. Aber Strapinski bedeckt Nettchens Wangen mit seinen Locken, verhüllt es also zunächst, und umhüllt ihren Körper mit seinem Mantel. Aber ab diesem Zeitpunkt trägt Strapinski das trügerische Kleidungsstück nicht mehr. Stattdessen ist er auf der Schlittenfahrt zur Verlobungsfeier mit einem „polnischen Überrock mit grünem Sammet" bekleidet, und Nettchen ist „ganz in weißes Pelzwerk gehüllt", während wieder „blaue Schleier" ihr Gesicht schützen (HL 22,8–11 / R 32,2–6). Grün ist die Farbe der Hoffnung, aber auch der Naivität, Weiß steht für Unschuld und Frieden, aber auch für das Unheimliche und den Tod. Nach der Demaskierung Strapinskis ist Nettchen „weiß wie ein Marmor" und wendet ihr „Gesicht langsam nach ihrem Bräutigam", um ihn „seltsam von der Seite" anzusehen (HL 26,14–15 / R 38,9–11).

Im Wald fährt Nettchen dann, als sie Wenzel gefunden hat, zuerst mit der Hand „über sein Gesicht" (HL 30,8 / R 44,3) und reibt dieses mit Schnee ein, um den halb Erfrorenen zu retten. Als Wenzel aufwacht, hat Nettchen „den Schleier zurückgeschlagen", und er erkennt „jeden Zug in ihrem weißen Gesicht, das ihn ansah mit großen Augen." (HL 30,16–17/ 44,12–14) Im Bauernhaus muss Wenzel anschließend erzählen, was er mit Nettchen hätte unternehmen wollen, dabei wird sein „bleiches Gesicht (...) ganz rot" (HL 32,11 / R 47,3–4) und errötet beim weiteren Bericht noch zweimal, bevor er in der Erinnerung an seine Jugendfreundin wieder erbleicht und plötzlich eine Ähnlichkeit mit Nettchen entdeckt. Denn „in der Tat hatten sich die zunächst den Schläfen und über der Stirn liegenden Locken Nettchens leise bewegt wie von einem ins Gesicht wehenden Lufthauche." (HL 35,16–18 / R 51,28–31) Dieses Spiel der „allezeit etwas kokette(n) Mutter Natur" (HL 35,19 / R 51,32) führt die Wendung zur Auflösung herbei.

Die Sprache der Gesichter

Der Radmantel steht offensichtlich für die täuschende Wirkung Strapinskis auf die Umwelt. Sobald die Täuschung aufgedeckt wird, ist von ihm nicht mehr die Rede. Der Mantelträger selbst legt ihn aber offenbar schon nicht mehr um, nachdem er und Nettchen einander ihre Liebe offenbart haben und die Verlobung und Heirat feststeht. Die Liebe der beiden steht also von Anfang an weniger im Zeichen des täuschenden Mantels als in jenem der mehrdeutigen Sprache der Gesichter. Diese verweist im Unterschied zum Mantel nicht auf Täuschung, sondern auf Erkenntnis. Deshalb tritt sie in den Szenen im Wald und im Bauernhaus, als die beiden einander erst richtig erkennen, immer mehr in den Vordergrund. Die Wende von der Täuschung zur Erkenntnis beginnt schon in der Szene, in der sie einander ihre wechselseitige Liebe offenbaren. Strapinski trägt den Mantel noch, weil er in ihm wegreisen wollte, nun aber umhüllt er Nettchen mit ihm, wie wenn er sich selbst daraus lösen würde.

Überrock

Dass Strapinski den weiten Radmantel durch einen polnischen Überrock mit grünem Samt ersetzt, hat auch seine besondere Bedeutung. Wichtig ist nicht nur das Grün als Farbe der Hoffnung und der Naivität. Wichtig ist auch, dass dieser Überrock enger anliegt und also mehr von Strapinskis Körper erkennen lässt. Als er halb erfroren im Wald liegt und Nettchens sich ihm nähert, erkennt sie zuerst diesen Überrock: „Ja, er war es. Der dunkelgrüne Samt seines Rockes nahm sich selbst auf dem nächtlichen Schnee schön und edel aus; der schlanke Leib und die geschmeidigen Glieder, wohl geschnürt und bekleidet, alles sagte noch in der Erstarrung, am Rande des Unterganges, im Verlorensein: Kleider machen Leute!" (HL 29,39–43 / R 43,23–28)

RESÜMEE

Mit den neuen Kleidern gewinnt der Wahlspruch der Erzählung also eine andere Bedeutung als mit dem Radmantel: Jener hat hauptsächlich verdeckt und getäuscht, während der neue Überrock den schlanken Leib und die geschmeidigen Glieder und damit die tatsächliche schöne und edle Erscheinung des Menschen, der ihn trägt, zum Vorschein bringt. „Kleider machen Leute" heißt nun nicht hauptsächlich, dass die Kleider den Leuten ein täuschendes Aussehen geben, sondern, dass sie deren wahre Eigenschaften hervortreten lassen.

Pelzmütze und Handschuhe

Auch die polnische Pelzmütze Strapinskis und seine Handschuhe haben eine andere Bedeutung als der Radmantel. Im Unterschied zu diesem spielen sie bis zur Versöhnungsszene der Liebenden eine wichtige Rolle. Strapinski lässt sie liegen, als er den Festsaal verlässt und in den Wald geht. Nettchen nimmt sie unwillkürlich mit, als sie ihm nachgeht und gibt sie ihm wieder, als beide zum Bauernhaus fahren. Die Mütze und die Handschuhe stehen so nicht für die Täuschung, sondern für den möglichen Schutz Strapinskis vor Unheil und Tod. Er hat sie bezeichnenderweise nicht dabei, als er im Wald beinahe erfriert. Hingegen bringt seine Retterin Nettchen sie ihm mit und gibt sie ihm, als sie ihn in den Schlitten steigen lässt, wie zur Besiegelung dieser Rettung zurück, „ebenso unwillkürlich, wie sie dieselben mitgenommen hatte" (HL 30,24–25 / R 44,22–23). Dieses Zeichen des Schutzes deutet schon darauf hin, dass sie ihm wohlgesinnt ist und ihn endgültig retten wird.

Aufgabe 3 ***

Halten Sie die wesentlichen Inhalte der beiden (im Kapitel 5 *Materialien* wiedergegebenen) Einleitungen zu den *Leuten von Seldwyla* fest, jener zum ersten Teil von 1856 und jener zum zweiten Teil von 1873. Vergleichen Sie Ihre Ergebnisse mit den Bildern Seldwylas und Goldachs, die die Handlung in *Kleider machen Leute* einrahmen, und interpretieren Sie diese.

Mögliche Lösung in knapper Fassung:

ANALYSE

In der Einleitung von 1856 stellt Keller Sedlwyla als ein „Nest" dar, das abseits eines schiffbaren Flusses liegt, „zum Zeichen das nichts daraus werden solle". Die Bewohner sind arm, aber lustig und zufrieden und halten sich selbst für die Besten. Sie bemühen sich darum, möglichst wenig zu arbeiten, solange es geht, und werden erst etwas fleißiger, wenn sie älter sind und die Arbeit nicht mehr viel einbringt. Ihre Leidenschaft gilt der Politik mit Verfassungsrevisionen und Regierungswechseln, am liebsten ist ihnen immer das, was von der gerade bestehenden Regierung nicht vertreten wird. Am ausgelassensten geht es bei ihnen nach der Weinernte zu, wenn sie ihren neuen Wein, den „Sauser", trinken können. Am tüchtigsten sind sie, wenn sie ihr Städtchen verlassen und in der Fremde Kriegsdienste leisten oder Geschäfte tätigen.

In der Einleitung von 1873 stellt Keller eine grundsätzliche Veränderung in Seldwyla fest, die sich in den vorangehenden zehn Jahren, also seit etwa 1863 zugetragen hat. Sie betrifft weniger das Städtchen selbst als das „allgemeine Leben", das den Seldwylern ganz neue Möglichkeiten eröffnet. Das allgemein verbreitete Spekulationswesen kommt den Gepflogenheiten der Seldwyler so sehr entgegen, dass sie den neuen Kriterien entsprechend zu anerkannten Geschäftsleuten werden und sich kaum mehr von den Bürgern anderer Ortschaften unterscheiden. Denn nun gilt es eben, mehr auf Spekulation als auf Arbeit zu setzen, mit Aktien und Obligationen und weltweit vertriebenen Gütern wie Baumwolle oder Seide Geschäfte zu machen und sich bei Zahlungsunfähigkeit noch über Wasser halten können. Darin sind die Seldwyler mittlerweile so bewandert, dass sie ihre frühere Lust auf Festlichkeiten und politische Streitigkeiten aufgegeben haben. Sie fürchten nun jede politische Stellungnahme und halten das Vertrauen auf den Zufall für solider.

VERGLEICH

In *Kleider machen Leute* ist Seldwyla der Ausgangspunkt der Wanderung Strapinskis nach Goldach und der Endpunkt seiner dortigen Abenteuer. Selbst nachdem Strapinski nach einer zehn- bis zwölfjährigen Bewährungszeit nach Goldach, an den Hauptort der Handlung, übersiedelt, gelten die letzten Worte der Erzählung noch Seldwyla. Dieses kann deshalb als Rahmen der Novelle betrachtet werden, so wie es den Rahmen des ganzen Zyklus bildet, dem sie angehört.

Die Seldwyler in *Kleider machen Leute* entsprechen noch ganz jenen, die in der Einleitung von 1856 beschrieben werden. Als Böhni sie unter dem Vorwand beruflicher Geschäfte aufsucht, um die Demaskierung Strapinskis herbeizuführen, sind sie offenbar sofort dafür zu haben und bereiten eine Kostüm- und Maskenfahrt zum Gasthaus vor, in dem zur Fastnachtszeit die Verlobung Strapinskis und Nettchens gefeiert werden soll. Ihr Schlittenzug erscheint neben demjenigen der Goldacher recht urwüchsig. Sie benutzen „bäuerliche Lastschlitten (...), je zwei zusammengebunden, um absonderlichen Gebilden und Schaustellungen zur Unterlage zu dienen." (HL 22,38–40 / R 33,5–7) Ihr Zug macht einen wirren, bunten, abenteuerlichen, ja fast grotesken Eindruck. Sie kommen „mit lautem Gelächter und Gesang" (HL 23,11–12 / R 33,25–26), und die Goldacher lächeln beifällig gönnerisch über „die unverwüstliche Laune der Seldwyler" (HL 23,36–37 / R 34,21–22). Ihr Maskenspiel zur Demaskierung Strapinskis wirkt gut einstudiert und folgt einer präzisen Choreographie, auch wenn es groteske Elemente enthält. Zum Abschluss entsprechen die Seldwyler wieder ihrem Bild in der Einleitung von 1856, indem sie „unter Absingung eines wohleinstudierten diabolischen Lachchors" (HL 26,1–2 / R 37,28–29) abmarschieren und später im Wald als „tolle(r) Zug" (HL 27,39 / R 40,23) mit Schellenklang und Gelächter an Strapinski vorbeifahren.

Mit demselben Leichtsinn und Spaß an abenteuerlichen Aufregungen reagieren sie auch auf die Ankunft Strapinskis und Nettchens in Seldwyla: „Ha, da haben wir eine Entführung! wir haben eine köstliche Geschichte eingeleitet!" (HL 36,13–14 / R 53,4–6) Als sie erfahren, dass mit Nettchen auch ein Vermögen nach Seldwyla kommen könnte, machen sie eine politische, ja kriegerische Frage aus ihrer Verteidigung gegen die Goldacher, rotten sich zusammen und begehen „überhaupt mit gewaltiger Lustbarkeit eines ihrer großen Abenteuer als merkwürdige Fortsetzung des gestrigen" (HL 38,10–12 / R 56,2–4), d. h. des Maskenzugs und -spiels. Sie sind gar bereit, in einem Krieg mit Goldach „ein neues Troja" (HL 38,17 / R 56,10) zu werden, begnügen sich dann aber nach der rechtlichen Beilegung des Streits damit, gewaltige Freudenschüsse abzugeben. Schließlich werden sie aber mit Strapinski nicht glücklich, da er entgegen ihrem Kredit- und Schuldenwesen vor jedem neuen Geschäft mit ihnen immer auf der Bezahlung des vorangehenden beharrt. Die Kleider, die er für sie anfertigt, sind in ihren Farben und Mustern verräterisch: Ihre Samtwesten verraten mit der Veilchenfarbe, dass ihnen die Demut besser anstünde als der zur Schau getragene Stolz, und mit dem weiß und blau gewürfelten Muster sagen sie in der Sprache der Marineflaggen „Nein" und „Abbruch des Wettkampfs" (vgl. oben Kapitel 3.5 Erläuterung zu HL 39,14–15 / R 57,25–26).

In ihrem fastnächtlichen Narrenzug und -spiel ebenso wie in ihrem Empfang Strapinskis und Nettchens und im weiteren Umgang mit den beiden geben sich die Seldwyler genau so, wie sie in der Einleitung von 1856 beschrieben werden: als unernstes, leicht erregbares Völklein, an jedem Rummel interessiert, wenn er nur Abwechslung bietet, zu jeder Spekulation bereit, wenn sie nur mühelosen Gewinn verspricht, und am besten vertraut mit einem nicht enden wollende Schuldenverkehr. Sie scheinen noch unberührt von der großen Veränderung, die die Einleitung von 1873 anspricht. Das spricht dafür, dass die Haupthandlung in *Kleider machen Leute* spätestens um etwa 1863 anzusetzen ist, was ja auch der erneuten Aktualität der Polenfrage und dem Beginn der Arbeit Kellers an der Novelle entspräche (vgl. dazu oben Kapitel 2.2 und 3.1).

Diese Veränderung scheint sich eher bei den Goldachern anzukündigen. Die Goldacher Handelsherren prahlen dem vermeintlichen Grafen gegenüber mit ihren Geschäftsverbindungen in alle Welt, jenen in die Karibik, nach Kuba, in die Türkei, nach Izmir und in den nahen Osten, nach Damaskus (vgl. HL 10,5–16 / R 13,31–14,8), und Böhni ist Buchhalter einer großen Spinnerei, eines Unternehmens jener Textilindustrie also, die in den 1860er Jahren als erste mechanisiert und auf den Weltmarkt ausgerichtet wird (vgl. oben Kapitel 2.2). Die Goldacher weisen also, auch wenn die Haupthandlung Anfang der 1860er Jahre spielt, schon auf die große Veränderung voraus, auf die die Einleitung von 1873 zurückschaut.

Diese Deutung könnte dadurch bestätigt werden, dass Strapinski in dem Jahrzehnt, das seinen Abenteuern in Goldach und Seldwyla folgt, zu einem erfolgreichen Marchand-Tailleur wird, einem

Handel treibenden Kleiderfabrikanten, und es versteht, „in Verbindung mit seinem bald versöhnten Schwiegervater, dem Amtsrat, so gute Spekulationen zu machen, dass sich sein Vermögen verdoppelt und er nach zehn oder zwölf Jahren" (HL 39,24–27 / R 58,2–5) das rückständige Seldwyla verlassen und ins wirtschaftlich und industriell fortgeschrittenere Goldach ziehen kann. Gemäß dieser Deutung schlösse *Kleider machen Leute* tatsächlich, wie Keller in einem Brief an den Vieweg-Verlag schreibt, unmittelbar an die Einleitung von 1873 an und würde im Schluss schon den Bogen zur letzten Erzählung schlagen, *Das verlorene Lachen*, deren Handlung ausdrücklich Ende der 1860er Jahre, also nach der in der Einleitung angesprochenen Veränderung, spielt (vgl. dazu oben Kapitel 3.1).

Aufgabe 4 *

Analysieren und interpretieren Sie Gottfried Kellers Gedicht *Jeder Schein trügt* (im Kapitel 5 *Materialien* wiedergegeben) und verbinden Sie Ihre Deutung mit der Frage der Sein-Schein-Problematik in *Kleider machen Leute*.

Mögliche Lösung in knapper Fassung:

ANALYSE

Jeder Schein trügt ist ein Sonett, bestehend aus zwei Quartetten (Vierzeiler) und zwei Terzetten (Dreizeiler). Diese Strophenform ist für jedes Sonett gültig, Abweichungen kann es vor allem in der Reimstruktur der beiden Terzette geben. Hier bilden sie durch den durchgängigen Kreuzreim eine Einheit von sechs Versen.

Die Strophenform des Sonetts gibt dem Gedicht eine feste Architektur. Die einzelnen Teile liegen wie Stockwerke aufeinander. Tatsächlich steigen wir beim Lesen des Gedichts vom Dach mit dem „Giebel“ und den „Zinnen“, d. h. den obersten Teilen des Hauses, im ersten Quartett, herab bis in die „Grundgewölbe“ im zweiten Quartett. Im ersten Terzett halten wir dann ein und spielen mit dem Gedanken, wieder hinaufzusteigen, doch im zweiten Terzett steigen wir noch „tiefer“ hinab, um im „allertiefsten Schweigen“ einen „ungehobenen Schatz“ zu finden.

In der gleichen Bewegung, in der das Sonett von der ersten bis zur vierzehnten Verszeile schichtweise aufgebaut wird, bauen wir beim Lesen seines Inhalts das Haus Schicht um Schicht ab, um zu dem verborgenen Schatz zu gelangen. Aufbau und Abbau vollziehen sich im gleichen Prozess. Dieser Prozess umfasst noch eine weitere Bewegung: diejenige von außen nach innen, von der Fassade in die „Säle“, dann in die „Grundgewölbe“ und schließlich ins Innerste des „ungehobenen Schatzes“, der sich von außen niemals sehen lässt, weil er „niemals dem Tage wohl sich zeigen“ wird.

INTERPRETATION

Die mehrschichtige Bewegung von oben nach unten und unten nach oben, von außen nach innen und innen nach außen, ist unerlässlich, wenn wir nachvollziehen wollen, was der Titel mit der Aussage meint, dass „jeder Schein trügt“. Zunächst trügt der äußere Schein der oberen, licht- und glanzvollen Teile des Hauses. Denn sobald wir in den „Grundgewölben“ sind, herrschen „feuchter Moder“ und „dicke Schlangen“ vor, Zeichen für Zerfall und Verwesung und für niedere, tödliche Wesen. Doch auch dieses unliebsame Bild trügt, denn es verdeckt den verborgenen „ungehobenen Schatz“, der noch tiefer liegt.

Sobald wir dies erkannt haben, müssen wir noch einmal zurückkehren über die widrigen und hässlichen „Grundgewölbe“ zu den lichtvollen und angenehmen „Sälen“ und „Zinnen“, um das ganze Haus in allen seinen Teilen zu würdigen. Dann zeigt sich, dass die obersten licht- und glanzvollen Teile uns zwar über die widerlichen „Grundgewölbe“ getäuscht haben, nicht aber über den diesen noch zugrunde liegenden Schatz. Der erste wohlgefällige Eindruck entspricht der letzten erfreulichsten Einsicht. Nur ist diese eben nicht anders zu erreichen, als dass wir die unangenehmen „Grundgewölbe" auch zur Kenntnis nehmen.

Wir müssen alle Teile berücksichtigen, weil „jeder Schein trügt". Auch der „ungehobene Schatz" könnte noch Überraschungen bieten. Wenn „jeder Schein trügt", muss jeder hinterfragt werden. Das heißt aber nicht, dass es gar keine Wahrheit gibt. Die Wahrheit liegt im Zusammenspiel aller Schichten, in der Architektur das ganzen Hauses bzw. Sonetts. Zu dieser Architektur gehört, dass sie zerlegbar ist in die einzelnen Schichten und in dieser Zerlegbarkeit doch ein Ganzes bildet. Endgültig täuschen wird sich nur, wer sich ausschließlich an den ersten oder zweiten Schein hält oder nur an das, was dahinter bzw. darunter als zweite oder dritte Ebene liegt, und nicht sieht, dass alles in Wechselwirkung zueinander steht.

VERGLEICH

Der Gang ins Haus, hinab in die „Grundgewölbe" und noch tiefer zum „ungehobenen Schatz" kann mit dem Gang der Handlung in *Kleider machen Leute* verglichen werden. Strapinski als vermeintlicher Graf wirkt auf die Goldacher zunächst als erfreuliche licht- und glanzvolle Gestalt. Aufgrund seiner Demaskierung durch das Maskenspiel am Verlobungsfest erscheint er dann allen Beteiligten als ein unerfreulicher und hässlicher Betrüger. Nur Nettchen ist bereit, sich nicht sofort von ihm abzuwenden und stattdessen tiefer zu steigen, um ihn aus dem „allertiefsten Schweigen" zum Reden zu bringen und so den „ungehobenen Schatz" seiner Persönlichkeit zu entdecken. So wie wir im Haus ohne den Zwischenschritt durch das unangenehme Gewölbe den Schatz nicht entdecken, so kann Nettchen ohne die Zwischenschritte der Demaskierung Strapinskis und des klärenden Gesprächs mit ihm nicht zum wertvollen Kern seiner Persönlichkeit vordringen. Dieser Kern bestätigt schließlich ihren ersten Eindruck von Strapinski als einem Menschen, der edler und unverdorbener ist als die ungestümen und groben jungen Goldacher Herren.

Auch in *Kleider machen Leute* trügt jeder Schein, aber auch dort nicht so, dass gar nichts gilt, sondern so, dass nur der Gesamtzusammenhang der bewegten Geschichte Strapinskis zeigt, wer er wirklich ist. Mehr noch: Der trügerische Schein erweist sich als unerlässlich, um zum wertvollen Wesen zu gelangen, denn dieses ist noch durch andere den Schein erzeugende Schichten verborgen. Letztlich ist die Erscheinung Strapinskis als armes Schneiderlein nicht minder trügerisch als sein Auftreten als vermeintlicher Graf. Wäre er in Goldach als armes Schneiderlein empfangen worden, hätte Nettchen ihn gar nie zur Kenntnis genommen, geschweige denn kennen und lieben gelernt. Diese Täuschung wäre für beide fataler gewesen als jene mit dem Grafen.

RESÜMEE

Kleider machen Leute rechtfertigt so ein Stück weit die trügerisch romantischen Vorstellungen, denen sowohl Strapinski wie Nettchen auf den Leim zu gehen drohen. Diese erweisen sich zwar als gefährlich und könnten Strapinski geradezu tödlich werden, aber im Gesamtzusammenhang sind sie weniger schlimm als die gradlinig berechnende Nüchternheit Böhnis. Dieser sieht nur den einen trügerischen Schein und die eine solide Wahrheit, und deshalb steht er zum Schluss als Verlierer da.

Böhni wäre im Haus des Sonetts zusammen mit den Goldachern und Seldwylern derjenige, der nach der Entdeckung der hässlichen Grundgewölbe Halt machen und im ersten Terzett tatsächlich „rasch empor die Treppen" steigen würde, „die Feinde mit der Kunde laben", dass die schönen Zinnen und Giebel täuschen und es im tiefen Inneren des Hauses hässlich aussieht. Er würde so den ungehobenen Schatz verpassen, so wie er Nettchen endgültig gegen sich einnimmt und wie einmal die Goldacher und dann die Seldwyler den wertvollen Schneider Strapinski verlieren.

LITERATUR

Zitierte Ausgaben:

Keller, Gottfried: *Kleider machen Leute*. Husum/Nordsee: Hamburger Lesehefte Verlag, 2011 (Hamburger Lesehefte Nr. 3, Heftbearbeitung: F. Bruckner und K. Sternelle) → Zitatverweise sind mit **HL** gekennzeichnet.

Keller, Gottfried: *Kleider machen Leute. Novelle*. Anmerkungen von Rolf Selbmann. Stuttgart: Reclam, 2000 (Universal-Bibliothek Nr. 7470) → Zitatverweise sind mit **R** gekennzeichnet.

Kommentierte Ausgaben:

Jeziorkowski, Klaus: *Gottfried Keller. Kleider machen Leute. Text, Materialien, Kommentar.* München, Wien: Carl Hanser Velag, 1984 (Hanser Literatur-Kommentare Bd. 22) → Ausführliche und gründliche Analyse und Interpretation und einige Materialien.

Keller, Gottfried: *Kleider machen Leute*, mit Materialien neu zusammengestellt von Rainer Siegle. Suttgart u. a.: Ernst Klett Schulbuchverlag, 1991 (Lesehefte für den Literaturunterricht) → Aktualisierende Materialien für den Unterricht.

Keller, Gottfried: *Kleider machen Leute*. Mit einem Kommentar von Peter Villwock. Frankfurt am Main: Suhrkamp Verlag, 2005 (Suhrkamp Basisbibliothek 68) → Ausführliche Erläuterungen, reichhaltiges Material, gut dokumentierter Kommentar mit ausführlicher Analyse und Interpretation.

Keller, Gottfried: *Kleider machen Leute.* Mit Materialien. Zusammengestellt von Klaus-Ulrich Pech und Rainer Siegle. Stuttgart, Leipzig: Ernst Klett Schulbuchverlage, 2006 (Taschenbücherei – Texte & Materialien) → Neue aktualisierende Materialien für den Unterricht.

Lernhilfen und Kommentare für Schüler:

Eilert, Klaus: *Gottfried Keller. Kleider machen Leute. Unterrichtsvorschläge mit Kopiervorlagen.* Berlin: Cornelsen Verlag, 2007 → Solides und anschauliches Unterrichtsmaterial zu allen Aspekten der Analyse und Interpretation.

Freund-Spork, Walburga: *Lektüreschlüssel für Schülerinnen und Schüler. Gottfried Keller. „Kleider machen Leute".* Stuttgart: Reclam Verlag, 2002 (Universal-Bibliothek Nr. 15313) → Nützliche Informationen zu allen Aspekten des Textes.

Jaugey, Gesine: *Stundenblätter. „Kleider machen Leute" / „Taugenichts".* 20 Seiten Beilage. Stuttgart: Klett, 1987 (Reihe Stundenblätter Deutsch) → Unterrichtsratschläge für zehn Lektionen mit gründlicher Analyse und Interpretation und mit Materialien und vielen grafischen und tabellarischen Darstellungen zu allen wesentlichen Themen.

Pohle, Karin: *Gottfried Keller. Kleider machen Leute.* Stuttgart: Erst Klett Verlag, 2007 (Taschenbücherei Arbeitsheft) → Anregende aktualisierende Arbeitsblätter.

Selbmann, Rolf: *Gottfried Keller. Kleider machen Leute. Interpretation.* München: R. Oldenbourg Verlag, 1985 (Interpretationen für Schule und Studium) → Gründliche Analyse und Interpretation mit didaktisch-methodischen Hinweisen und ergänzenden Materialien.

Selbmann, Rolf: *Erläuterungen und Dokumente, Gottfried Keller. Kleider machen Leute.* Stuttgart: Reclam, 2004 (Universal-Bibliothek Nr. 8165) → Ausführliche Erläuterungen, reichhaltige Materialien zur Entstehung, Wirkung und Interpretation der Novelle.

Gesamtausgaben von Kellers Werken:

Keller, Gottfried: *Sämtliche Werke.* Auf Grund des Nachlasses besorgte und mit einem wissenschaftlichen Anhang versehene Ausgabe. Hrsg. von Jonas Fränkel und Carl Helbling. Erlenbach-Zürich, München: Eugen Rentsch Verlag, 1926–1930; Bern, Leipzig: Benteli Verlag, 1932–1949

Keller, Gottfried: *Sämtliche Werke in sieben Bänden*. Hrsg. von Thomas Böning, Gerhard Kaiser, Kai Kaufmann, Dominik Müller und Peter Villwock. Frankfurt am Main: Deutscher Klassiker Verlag, 1985–1996.

Keller, Gottfried: *Sämtliche Werke.* HKKA Historisch-Kritische Ausgabe [32 Bände in vier Abteilungen]. Hrsg. unter der Leitung von Walther Morgenthaler im Auftrag der Stiftung Historisch-Kritische Gottfried Keller-Ausgabe. Frankfurt am Main: Stroemfeld Verlag; Zürich: Verlag Neue Zürcher Zeitung, 1996 ff

Keller, Gottfried: *Gesammelte Briefe in vier Bänden*. Hrsg. von Carl Helbling. Bern: Verlag Benteli, 1950–1954

Verwendete Einzeltexte und -ausgaben der Werke Kellers:

Keller, Gottfried: *Die Jugenddramen.* Hrsg. und mit einem Nachwort versehen von Laurence A. Rickels. Zürich: Amman Verlag, 1990

Keller, Gottfried: *Die Romantik und die Gegenwart. Eine Grille* [Juni 1849, unveröffentl.]. In: Ders.: Aufsätze – Dramen – Tagebücher. Hrsg. von Dominik Müller. Sämtliche Werke, Bd. 7. Frankfurt am Main: Deutscher Klassiker Verlag, 1996, S. 689–693

Keller, Gottfried: *Jeremias Gotthelf* [I 1849, II 1851, III 1852, IV 1855]. In: Ders.: Aufsätze – Dramen – Tagebücher. Hrsg. von Dominik Müller. Sämtliche Werke, Bd. 7. Frankfurt am Main: Deutscher Klassiker Verlag, 1996, S. 58–81 [I], 82–91 [II], 97–111 [III], 113–124 [IV]

Keller, Gottfried: *Die Leute von Seldwyla. Gesammelte Gedichte.* München: Winkler Verlag, 1961

Keller, Gottfried: *Sämtliche Werke*, HKKA Bd. 21: *Die Leute von Seldwyla. Apparat zu Band 4 und 5*. Hrsg. von Peter Villwok u. a. Frankfurt am Main: Stroemfeld Verlag, Zürich: Verlag Neue Zürcher Zeitung, 2000

Verwendete Sekundärliteratur zu Keller:

Breitenbruch, Bernd: *Gottfried Keller mit Selbstzeugnissen und Bilddokumenten.* Reinbek bei Hamburg: Rowohlt, 1968 (rowohlts monographien 136)

Kaiser, Gerhard: *Gottfried Keller. Das gedichtete Leben.* Frankfurt am Main: Insel Verlag, 1981 (insel taschenbuch 1026)

Selbmann, Rolf: *Gottfried Keller. Romane und Erzählungen.* Berlin: Erich Schmidt Verlag, 2001 (Klassiker-Lektüren Bd. 6)

Sautermeister, Gert: *Erziehung und Gesellschaft in Gottfried Kellers Novelle ‚Kleider machen Leute'.* In: Hartmut Steinecke (Hrsg.): Zu Gottfried Keller. Stuttgart: Ernst Klett Verlag, 1984, S. 88–107

Weber, Albrecht: *Deutsche Novellen des Realismus. Gattung – Geschichte – Interpretationen – Didaktik.* München: Ehrenwirth, 1975 (Materialien und Modelle für Studium und Unterricht)

Wiese, Benno von: *Gottfried Keller: ‚Kleider machen Leute'.* In: Hartmut Steinecke (Hrsg.): Zu Gottfried Keller. Stuttgart: Ernst Klett Verlag, 1984, S. 79–87

Würgau, Rainer: *Der Scheidungsprozess von Gottfried Kellers Mutter. Thesen gegen Adolf Muschg und Gerhard Kaiser.* Tübingen: Max Niemeyer Verlag, 1994

Verwendete Sekundärliteratur zum historischen Kontext:

Craig, Gordon A.: *Geld und Geist. Zürich im Zeitalter des Liberalismus 1830–1869*. Aus dem Englischen übersetzt von Karl Heinz Siber. München: Verlag C. H. Beck, 1988

Curti, Theodor: *Geschichte der Schweiz im 19. Jahrhundert.* Reich illustriert von A. Anker u. a. Neuenburg: Verlag F. Zahn, [1902]

Gagliardi, Ernst: *Die Geschichte der Schweiz von den Anfängen bis zu Gegenwart.* 3. Bd. Zürich, Leipzig: Orell Füssli Verlag, 1937

Hettling, Manfred: *Bürgerlichkeit. Eine ungesellige Geselligkeit.* In: Manfred Hettling u. a.: Eine kleine Geschichte der Schweiz. Der Bundesstaat und seine Traditionen. Frankfurt am Main: Suhrkamp Verlag, 1998 (edition suhrkamp 2079), S. 227–264

Schaffner, Martin: *Die demokratische Bewegung.* In: Andreas Auer: Les origines de la démocratie directe en Suisse – Die Ursprünge der schweizerischen direkten Demokratie. Basel, Frankfurt am Main: Helbing & Lichtenhahn, 1996 (Collection genevoise), S. 155–162

Verwendete Literatur anderer Autoren:

Goethe, Johann Wolfgang von: *Wilhelm Meisters Lehrjahre*. In: Ders.: Sämtliche Werke, Briefe, Tagebücher und Gespräche. 40 Bde., 1. Abt. Bd. 9. Hrsg. von Wilhelm Vosskamp und Herbert Jaumann. Frankfurt am Main: Deutscher Klassiker Verlag, 1992, S. 357–992

Zuckmayer, Carl: *Der Hauptmann von Köpenick. Ein deutsches Märchen in drei Akten*. Frankfurt am Main: S. Fischer Verlag, 1956 (S. Fischer Schulausgaben moderner Autoren)

Theaterstück:

Erika Sackersdorff, *Kleider machen Leute.*

Planegg vor München: Impuls-Theater-Verlag, 1960
→ http://www.buschfunk.de/BS532?lc%5Bmenu_id%5D=24
(Stand: November 2011)

Hörspiel:

Werner Buhss, *Kleider machen Leute.*

Hörspiel-Produktion vom Rundfunk der DDR, 1989.
→ http://www.drs2.ch/www/de/drs2/sendungen/hoerspiel-drs-2/2668.sh10129750.html (Stand: November 2011)

Oper:

Alexander von Zemlinsky, *Kleider machen Leute.*

Libretto von Leo Feld mit Benützung von Gottfried Kellers gleichnamiger Novelle. Drei Fassungen: 1. Wiener Urfassung: Komische Oper in einem Vorspiel und drei Akten (1907–09; A. 1910). 2. Revidierte Wiener Fassung: Musikalische Komödie in einem Vorspiel und drei Akten (Überarbeitung: 1910; UA Volksoper Wien 1910). 3. Prager Fassung: Musikalische Komödie in einem Vorspiel und zwei Akten (Überarbeitung: 1922; UA Prag 1922).
→ http://de.wikipedia.org/wiki/Alexander_von_Zemlinsky
(Stand: November 2011)

Joseph Suder, *Kleider machen Leute.*

Oper in fünf Bildern. Text von Joseph Suder nach Gottfried Kellers Novelle, komponiert 1926–1934. Uraufführung 1964 in Coburg.
→ Informationen unter http://www.suder.org/?page=works
(Stand: November 2011)

Verfilmungen:

Kleider machen Leute. Österreich 1921.

Stummfilm. Regie und Drehbuch: Hans Steinhoff

→ Informationen unter http://www.zelluloid.de/filme/index.php3?id=32576 und http://de.wikipedia.org/wiki/Hans_Steinhoff

Kleider machen Leute. Deutschland 1940.

Regie und Drehbuch: Helmut Käutner. Mit Heinz Rühmann als Hauptdarsteller und Produzent.

→ Informationen unter http://www.zelluloid.de/filme/kritik.php3?id=8770&tid=9873

Kleider machen Leute. Deutschland 1963 (Fernsehfilm).

Regie: Paul Verhoeven. Drehbuch: Leopold Ahlsen.

→ Informationen unter: http://www.zelluloid.de/filme/index.php3?id=32577

Internet-Adressen:

Stand: November 2011

http://www.gottfriedkeller.ch/

→ Dokumentation der Arbeit an der neuen 32-bändigen historisch-kritischen Gesamtausgabe (HKKA) mit wertvollen Schriftzeugnissen

http://www.kellerbriefe.ch/briefe.htm

→ Online-Einsicht in den ganzen Briefwechsel, offeriert von der HKKA)

http://www.gkz.ch/

→ Gottfried Keller-Zentrum in Glattfelden, Schweiz

STICHWORTVERZEICHNIS